上海抗战与世界反法西斯战争系列丛书

淞沪

淞沪抗战史料丛书续编 Ⅰ

第十辑

中国空军光荣史 | 枚诘 编
飞将军抗战记 | 郑振铎等 著
夜袭淞沪漫忆 | 高深 著

上海科学技术文献出版社
Shanghai Scientific and Technological Literature Press

图书在版编目（CIP）数据

淞沪抗战史料丛书续编．第十辑／郑振铎等著． —上海：上海科学技术文献出版社，2017
ISBN 978-7-5439-7262-9

Ⅰ．①淞… Ⅱ．①郑… Ⅲ．①一·二八事变—史料 Ⅳ．①K264.310.6

中国版本图书馆 CIP 数据核字(2016)第 302819 号

本书由上海市哲学社会科学规划课题资助出版

责任编辑：张 树 李 莺 王倍倍
封面设计：周 婧

丛书名：上海抗战与世界反法西斯战争系列丛书
书 名：淞沪抗战史料丛书续编第十辑：中国空军光荣史、飞将军抗战记、夜袭淞沪漫忆
校诘编 郑振铎 高 深 等著
出版发行：上海科学技术文献出版社
地 址：上海市长乐路 746 号
邮政编码：200040
经 销：全国新华书店
印 刷：虎彩印艺股份有限公司
开 本：889×1194 1/32
印 张：8.75
版 次：2017 年 3 月第 1 版 2017 年 3 月第 1 次印刷
书 号：ISBN 978-7-5439-7262-9
定 价：80.00 元
http://www.sstlp.com

《上海抗战与世界反法西斯战争》系列丛书编委会

《淞沪抗战史料》丛书续编编辑部

《上海抗战与世界反法西斯战争》系列丛书总序

徐 麟

伟大的中国抗日战争，是近代中国人民反对帝国主义侵略并且取得第一次完全胜利的民族解放战争，是开展时间最早、持续时间最长的世界反法西斯战争东方主战场。在这场历经十四年之久的抗日战争中，中国各族各界人民同仇敌忾、共赴国难，经过艰苦卓绝的浴血奋战，以巨大的民族牺牲，打败了穷凶极恶的日本法西斯侵略者，取得了辉煌的胜利。正如习近平总书记所指出的，中国抗日战争“为拯救民族危亡、实现民族独立和人民解放，为争取世界和平的伟大事业，作出了彪炳史册的贡献”。中国抗日战争是在中国共产党倡导的以国共合作为基础的抗日民族统一战线旗帜下进行和取得胜利的。以爱国主义为核心的伟大民族精神是中国抗日战争胜利的决定因素，中国共产党的中流砥柱作用是中国抗日战争胜利的根本保证，全民族抗战是中国抗日战争胜利的重要法宝。

上海抗战是中国抗日战争的重要组成部分。在中国抗日战争与世界反法西斯战争中，作为中国共产党的诞生地，上海这座具有反帝反封建光荣革命传统的英雄城市，发挥了独特的重要作用，作出了重大的历史性贡献。

20世纪三四十年代，上海这座国际性的大都市，已经成为中国与世界各国通商贸易的主要港口，成为中国经济、文化中心和政治、外交副中心。同时，上海又是当时中国最大的军港和守卫长江的大门，具有重要的军事战略地位，因而始终成为日本法西斯军国主义觊觎的一个战略要地。1931年九一八事变后，日本法西斯军国主义进而在上海挑起了一·二八事变，发动了对淞沪地区的武装侵略，驻守上海的十九路军和前来增援的第五军与上海人民奋起抵抗，给予日本侵略者以沉重一击，成为中国局部抗战历史进程中承前启后的关键性一役。九一八和一·二八时期的抗日武装斗争和民众抗日救亡运动，在世界上率先举起了反法西斯的旗帜，揭开了中国抗日战争和世界反法西斯战争的序幕。1937年七七事变后仅一个月余，日本法西斯军国主义又把侵略魔爪伸向上海，遭到中国爱国军民的顽强抵抗，形成了以上海为中心的一场气壮山河、震惊中外的八一三淞沪抗战。七七卢沟桥事变和八一三淞沪会战，标志着日本法西斯军国主义全面侵华战争的开始。在中国共产党的积极倡导和推动下，抗日民族统一战线正式形成，揭开了中国全民族全面抗战的序幕，也标志着世界反法西斯的第二次世界大战在亚洲的东方战场正式形成。在八一三淞沪抗战历时一百多天的日日夜夜，中国军队和上海人民以其鲜血和生命，筑成了一座民族自卫的血肉长城，谱写了一曲民族团结、共御外敌的壮丽史诗。上海沦陷后，上海民众在全国人民和全世界爱好和平的各国人民的声援、支持下，面对极其艰辛险恶的环境，仍然以大无畏的英雄气概，坚定不移地继续投身于全民族抗战的洪流，对日伪的法西斯统治进行不屈不挠的斗争。中国共产党始终高举抗日民族统一战线的伟大旗帜，发动民众，团结上海各界人士，从人力、物力、财力等方面支持抗日民主根据地和抗战大后方的斗争，冒着腥风血雨，迎接抗日战争的最后胜利。

两次淞沪抗战及上海民众在十四年中不间断的抗日救亡运动，构成了一幅幅上海抗战英勇悲壮的画卷，也铸就了上海在中国抗日战争和世界反法西斯战争中的重要历史地位：上海不仅是中国对日作战的一个坚强的军事战略重镇，也是中国抗日救亡运动的前期中心和中国抗战文化的发源地；不仅是支援抗战大后方和抗日民主根据地的重要基地，也是世界反战反法西斯人士和中外难民的庇护所，是世界反法西斯舆论战、情报战的东方主要阵地，又是中国联系国际反法西斯阵营的纽带和桥梁。更为重要的是，上海抗日战争凸显了其重要的历史意义：它在外敌入侵、民族危亡的关键时刻，全面地、全方位地弘扬了以爱国主义为核心的民族精神，折射了中华民族有同侵略者血战到底的气概、有在自力更生的基础上光复旧物的决心，有自立于世界民族之林的能力，上海抗日战争在中国抗日战争和世界反法西斯战争历史上树立了一座永不磨灭的丰碑。

今年是中国抗日战争暨世界反法西斯战争胜利七十周年。在中共上海市委的领导和支持下，上海学术界和理论界，经过多年的努力，联合推出了《上海抗战与世界反法西斯战争》系列丛书。这套系列丛书分为三个子系列，**一是上海抗日战争史丛书，**内中包括上海抗战史通论、一·二八淞沪抗战、八一三淞沪抗战、日军在上海的罪行与统治、上海人民抗日救亡运动、上海郊县抗日武装斗争、上海人民支援新四军与抗日根据地、抗战时期的上海经济、抗战时期的上海文化、上海抗战与国际援助等；**二是淞沪抗战史料丛书，**选辑和汇集民国时期有关上海抗战的具有代表性的通讯、纪实、回忆录及报告文学等鲜为人知的孤本、藏本影印重版。**三是上海抗战与世界反法西斯战争研究丛书，**其中包括：资料性著作：如记忆中的淞沪抗战、淞沪抗战中文报刊资料选编、淞沪抗战档案史料选编、上海抗战历史文献选编等；专题性著作：如中国共产党与上海抗战、当代学者论淞沪抗战、国外学者论淞沪抗战、一·二八淞沪抗战画史、八一三淞沪抗战画史等；工具性著作：如上海抗战与世界反法西斯战争大事年表、上海抗战与世界反法西斯战争事件人物录等；通论性著作：在上述论著的基础上完成一部通论性著作，即上海抗战与世界反法西斯战争全史。这三个子系列丛书各有千秋、各具特色，在集结出版后，更能起到互相参照、取长补短的作用。可以说，这套系列丛书是上海学术界和理论界研究上海抗日战争和世界反法西斯战争的一项重大的学术成果，是对上海抗日战争史研究的一个重要总结和一次集中展示，也是向中国抗日战争暨世界反法西斯战争胜利七十周年献上的一份厚礼！

“疑今者，察之古；不知来者，视之往”。历史是最好的教科书。《上海抗战与世界反法西斯战争》系列丛书的出版发行，更是为了向社会提供一部能够弘扬时代正能量、培育与践行社会主义核心价值观的好教材。让我们站在新的历史起点上，进一步铭记历史、缅怀先烈、珍视和平、警示未来，为实现中华民族伟大复兴而奋斗，为促进世界的和平和发展作出我们应有的贡献。

出版说明

《淞沪抗战史料》丛书续编充分利用南京图书馆馆藏资源，将已见或未见的关于淞沪抗战史料以影印的形式出版，内容涵盖两次淞沪抗战，即一·二八淞沪抗战和八一三淞沪抗战，力求比较全面、翔实和生动地反映淞沪抗战的全貌。

两次淞沪抗战，是中国人民伟大的抗日民族解放战争的重要组成部分，特别是八一三淞沪抗战是在中国共产党的抗日民族统一战线政策的指引下，以国共两党的合作为中心，全国各爱国党派团体、中央和地方各系抗日军队、各界爱国民众以及海内外侨胞，在抗日御海、共赴国难的基础上发动和进行的，堪称民族自卫战争史上的伟业。它体现了中国人民血洒战场、拼死抗战的决心和民族团结精神。在抗战胜利70周年之际，阅读这些史料，重温那段中华民族优秀儿女面对强敌、誓死抗争的精神，就是最好的爱国主义教育。两次淞沪抗战展示了中华民族奋起改变自己国家命运的伟大信念，爱国主义激发出全体中国人民的巨大力量，这种信念和力量，在今天仍然弥足珍贵，令人心怀激荡。两次淞沪抗战中那些大气磅礴、气壮山河的史诗故事，均在本套丛书资料中有翔实的记录和质朴的史料作为佐证。

由于各种原因，原书中存在着印刷错误，而且有些细节也与史实不符，对书中的一些观点我们也不完全赞同，为了给读者提供最原始的抗战史料，对上述问题未做任何处理，希望读者能够给予理解。

编者

2016年9月

目录

目次

附錄

中國空軍光榮史

□黃浦灘的戰雲

『戰雲』本是文章家的一個隱喩，今晨時黃浦江上，我們看見戰爭和雲彩的眞實結合了。陰慘的灰雲下，一聲轟隆，地上的砲火隨之滾滾騰湧，高射砲也在天空爆出一團團可怕的黑烟。天空是一片愁雲，黃浦灘上蠕動着一簇比雲彩更要愁，更要密匝的難民。

上午十點一刻，我在愛多亞路屋頂上看見我們三隻飛機盡完轟炸的任務，得意地翔入雲霧裏。爲了看看侵略者的軍艦怎樣狼狽地沉入黃浦江去，我卽刻奔到外灘。到那裏，我首先看到的不是悲壯的轟炸，而是一片流離失所的無辜者，扶老攜幼，不幸的一羣。

作爲都市風景線的草地，如今已變成這些人臨時的家了。岸上擠了無數觀戰的人，有些洋人還穿着很整齊地立在那裏，一邊用望遠鏡探視着，一邊談笑自若。只有坐在草地上的那些人，沒有好奇的心性，儘呆呆無助地望着天。一聲轟隆，那砲彈落的正是他們自己的家園。

十天前用搬場汽車逃難的，五天前用人力車逃難的，雖然情形都極狼狽，然而沒有昨今臨到關頭才逃出來的慘。這些人的家都極簡陋，然而那是他們僅有的一切。他們實不肯離棄，如今，一切就全都葬在砲火之下了。一個高貴人會議笑他們背負的那些破爛家私，一攤破絮，一隻盛粥的桶，還看見一個小女孩抱了隻又瘦又髒的貓，但沒有人能公平地衡量這些卑賤寶貝的價值！

沿了江岸的水門汀便道走到外灘公園，那悽慘情狀對每個飽食暖衣者都是一個精神上的烙刑。兩歲的，半歲的，還有不到一個月的乳嬰的哭聲到處起伏着，向着遠處敵人的砲火微弱地抗議，老婦人坐在那裏無聲地抹着淚。遙想昨夜大雨，這些露宿空肚的難民，眼淚必和雨水混在一起。他們的犧牲原應是每一個中國人的犧牲，只因他們逢在鋒刃上，磨難來得早了些。

大世界，共記黃金二舞台收容難民的美舉應該即刻擴大了，救濟難民的工作應和抗戰一樣積極進行。如果闊人不肯把客廳書房讓出來，至少大家應捐款接濟他們，收容他們，莫使他們逃出敵人的蹂躪，却又餓死在同胞的脚前。

難得的，是在這些人的臉上，沒有怨容，却只有切齒的恨，賢明的日本人，你們殘酷的砲火才是『抗日意識』最有力的宣傳。這些空了肚皮的人，集成三五個難友，還指手畫脚地講說國事，盼望着勝利，相信着勝利。一個年青小夥子立在海關前銅像的石階上有聲有色地說着他由楊樹浦逃出的沿途。在悲慘的外灘，已自動地產生了無數的『時事座談會』。他們談的事實也許不詳盡，情感却無法再熱了。

封鎖了的黃浦江的景象至爲肅穆。遙望沉船的烟囪露在江面，那沉痛意味充分地象徵了當前舉國抗戰的決心。江上除了各國軍艦外，和車輛擁擠不堪的岸上對照，別特顯得清冷。然而幾隻仗臂力划的舢板還在土黃色的波浪中掙扎着，一顛一覆，然而却筆直地前進着。這勇敢的航手正是我們今日的中央首腦，我們應全變成舵槳手。

由外灘公園東北望去，那便是我們英勇的空軍，中國的鐵鷹，活動的地帶了。外白渡橋這時直如用人綴成的一道橋樑，和我一樣，那裏有無數等待看敵艦炸沉的。日本領事館前泊有旗艦一艘，旁邊用一只商船掩護着。艦上高射砲爲我們的飛機嚇得東西擺動，桅桿上，一瞬一瞥地同外邊軍艦交換着詭祕的燈語。

呵，誰，有誰能形容昨天全市因我空軍活動而起的興奮呢！

我的筆太拙，不然，我應把所有那些緊張的臉摹描下來，捧給今天那幾隻中國轟炸機的戰鬥員。那些臉，有焦急，有盼望，終至於感激地流了淚。一個廣東佬，用我聽不懂的方言向我這陌生人訴說，他直快發了瘋，捶着胸骨，唏嘘地指說，今天風太大，有一個炸彈落在敵艦緊傍。還看見一個老太婆，他那雙鑲了紅邊的眼睛盡管看不到什麼，然而他引頸尋找，嘴裏喃喃地念道着：飛機，飛機。有的人担心那飛機不是我們的，即刻，這懷疑爲羣憤鎮壓住了。

空軍，我們的鐵鷹！你剛一出頭，你便使我們興奮地流了淚。在戰事上，空軍是伸出的手臂，然在華北，我們是抱了肘挨揍。當敵人的高射砲齊發時，我們關心你，看到你由另一朵雲裏鑽出時我們又驕傲了。雲中那影子寄託了我們所有的熱望。（大公報）

□空戰展開

我們一共四個人，在下午一時由報館乘汽車向楊樹浦方面出發。天空佈滿着黑雲，斜風夾雜陣陣的細雨。陰沈沈的天氣，正好是人類大屠殺的象徵。而在楊樹浦一帶，兩軍都在嚴陣以待着。

但，很奇怪，這逼近戰場的地方依然擁擠，而且比平常時還擁擠幾倍。這其中五分之三當然是難民，其餘的則是抱着好奇心看熱鬧的羣衆。黃浦江中陳列着外艦，黃浦江濱便立着層層的人。人排成屏風模樣，自法大馬路一直排到北京路：江面的風光被遮住了，浦東的房屋被遮住了，露在人頭上面的，自那軍艦上的桅檣與圓形的烟筒。

順利地過去南京路，順利地過去北京路碼頭，然後穿過外白渡橋，右轉進入百老匯路。百老匯口迤北冷靜得使人害怕，而百老匯入口經提籃橋過來，馬路中間是汽車，洋車，電車，脚踏車，老虎車，馬路兩旁則是排滿着這社會活動的主體，茫茫然一片，立在中間驟然覺出自己的渺小。汽車停着，電車停着，脚踏車人力車慢慢地向前蠕動着。向東去的人多半空着手，向西來的人則手提布包，皮箱，行李之類；還有的女人抱着孩子，拉着姊妹。人走的很慢，行路的阻礙很多，於是馬路上有的是報紙，有的是箱板，有的是擠破了的搪瓷洋盆……散亂地鋪着，垃圾式的擺着，俯首一看，很容易想到遷居時的室內情景。

從汽車裏下來，步行依然困難。武昌路和南潯路臨百老匯路路口，站立着把守弄口的日本「武士，」他們穿着便衣，穿着破西服，或竟是黑色學生制服，配着方頂帽子。年紀像是自十五歲至五十歲，手裏各都拿着一根纏着布條的木棍，對着每一個過往的行人在兇狠狠地注視着。弄口以內是空寂的，從北面開過來的汽車都要受到他們的檢查。巡捕幾乎看不到，有的在指揮無法指揮的交通，有的在滿頭是汗地東奔西跑。

過去公和祥碼頭，還看不到武裝的同胞；而海浪般湧來的依然是工廠區的居民。西人逃難的也有，日本人也有，我們曾經看到一個滿載日人的搬場汽車，向西開去；又看到一隊狼狽不堪像是由前線逃下來的浪人，由南面衝向北去。

「行路難，歸去來！」從利查路繞道日本領事館的後面，在利查飯店轉角馬路中心發現了一個砲彈丟落的深洞，我們光榮地品評它的來源，惋惜地衡量它和出雲艦的距離。說時遲，那時快，天空又在響動，接着日領館前面的高射砲震耳地轟炸。大家都慌了，橋下的向橋上跑，橋上的又向橋下躲，因為響聲太驟，我們由蘇州河逸避回靜寂無人的利查飯店以內。飯店門敞開着，侍役向大廳裏跑，紳士型的外人向樓上跑，臃腫的老婦人向柱後藏。這種暴風雨來臨的情形。在這房子騷動了約三分鐘。事後想來也覺得很好笑，這片偉大的建築物能同炸彈相敵抗嗎？越向裏面躲不是危險性也越大些嗎？因之我想到本乃特（Arnold Fennett）的許多描寫歐戰的作品，（The PrettyLady等等，）但他描寫巴黎倫敦在德國飛機前來威脅的情狀，遠不及我們所見的壯烈親切。在他的書裏我們沒聽見高射砲響，而仰望天空的人更沒這一次多。追懷昔賢，倒覺比他幸福多了。

外灘擁立着人，中國飛機一架仍在浦東一帶盤旋，日本的高射砲止而復響，響而復止。接着兩隻日本飛機也由出雲艦邊騰空了，他們也在翱翔，也在迴旋；但低多了，低得步槍可以射到。於是觀衆在私語着：「爲什麼不提快開砲給他射下來呢？」這種因愛國而激發出來的惆悵，像在統制着各人的心，籠罩住各人的面孔。

回報館，大家在申述其所見，在寫出自己所見到的消息。四點鐘近了，窗外又傳來轟轟然的砲音。於是大家又全放下工作，一齊向屋頂奔跑。

來遲了一步，三隻飛機剛被高射砲逼到虹口方面去了，砲還在射，而那最後的一隻躲到黑雲下面。我們都担心它的命運，但一刹那又看到它那徐徐上昇的影子，於是掌聲響動，大家都得到安慰了。

一會又來了三隻，砲又連珠價響，一會又來了四隻，砲仍然響。在機身的前後團聚着一簇簇的黑烟，烟影機影有時會連成一片，前前後後，分不出那是飛機，那是砲彈，這後來的四隻是從南向北，排成一個人字形。它們銜住風冒着砲彈直向「出雲」進發。砲響成爆竹一般，彈霧染黑了天色，終於它們走到了目的地，一，二，三，四地各自丟下一個炸彈。地下灰烟騰起，但目標仍然錯誤了，當然誰都替它們可惜。

這一幕幕的壯烈空中戰爭，如電影般地在眼前映過。大家都慘痛地想起了「一二八，」大家都熱烈地期待着給人一個慘痛的報復。（大公報）

□我空軍的處女戰

黃源

八月十四日，中國空軍在抗日的民族解放戰爭中第一次顯示了英勇的姿態，上海三百萬民衆懷着同樣的又驚又喜的心情，仰着頭，親眼看見了她的英勇的戰鬥的姿態，這驚喜將立即隨着捷報擴大到全中國，慰撫着四萬萬顆跳躍不已的心！

那天一早，我從炮聲中驚醒過來，聽着轟然的大砲聲，同時看着錶，差不多是每隔一二分鐘一炮。這使我興奮起來，外面下着狂風大雨。我起身後，再也耽不住，披上雨衣上街去。這炮聲早已驚醒了上海每一個民衆，但我好像要把這消息特別帶去通知朋友似的。我在雨中跑，街上的人，東一堆西一堆在店門口看報。人們都露着興奮的臉，前幾天的疑慮的神色，早給砲聲轟走了。

人們都順着他的手指，仰着頭凝視着東方一大塊的沉重的雲。突然在灰白色的雲塊的間隙中發現了一架飛機在向南飛，接着是一大隊分散的向各處飛去，軋軋的聲音也聽見了。

跑了幾個地方，見了熟人，彼此都慰問似的說着：「打了啊！」

九點多鐘到四馬路，看到報上說「今日日本將出動飛機助戰，我方已有準備，」人們都憂慮着，因爲憑着過去的經驗，我們知道日本飛機來，我們只能聽其轟炸屠殺。

這時砲聲仍然連續不斷的響着。雨確停點了，風也小了，但天空中停滯着沉重的雲塊。我和幾個朋友登上了一座四層樓的屋頂，遙望響着砲聲的東北方，突然東邊起了一聲巨響，隨着騰起一陣黑煙，接着是連發的尖銳的砲聲。

「飛機！飛機！」前面屋頂上有人喊起來，手指着東方。

「這是中國飛機，那邊是黃浦江，炸東洋兵艦！」一個人喊着，他的喊聲中含着笑聲。四周屋頂上的人，都隨着笑起來，喊着，拍手着。這喜悅是異常的。

「中國飛機第一次出動打東洋兵！」

「中國空軍萬歲！」馬路上的羣衆都狂呼起來。

每一個人都好像要飛躍起來似的高興着。

「中國飛機轟炸東洋兵艦啊！」又有人在馬路上喊起來。

於是我們從屋頂上下來趕到外灘去。外灘擠滿了人，大部分是從蘇州河北面在日本兵槍尖下逃過來的貧苦的民衆，他們背着包袱，肩着箱子，有的已坐在馬路邊或草地上，有的仍然在朝北跑，我們一路走，一路看見人們在敘述着他們從各處逃出來的情形。一個巡捕的周圍圍着許多人，他指手劃脚的說：

「先看見一只飛機，後來又看見幾只，飛得不高，繞着外白渡橋的那邊飛，我當是日本飛機，想不到的啦，「一二八」的時候，日本飛機不是時常飛來示威。突然日本兵艦上開炮了，一只飛機斜飛到浦東那面，一下由東邊朝日本兵艦劈下來，擲了二顆炸彈，震天的響，日本兵艦拚命放炮，但已飛去了，可惜，差一點。不然那兵艦就毀了。」他說着又指指那停在日本領事館旁邊的出雲艦。

「你看了快樂麼？這兵艦是指揮日本兵艦打仗的，裏面坐着他們的司令官。」

「當然快樂啦！我也是中國人啊！」他裂開了嘴笑起來。

中國空軍的第一次出動。驚震了敵人的胆，慰撫了我們四萬萬五千萬顆跳躍不已的心！

□奇偉的夜襲

景江

我永不能忘掉，這壯美的偉觀：在一個月白風清之夜，我空軍作了一次英勇的夜襲。秋天空氣是那麽高爽，傍晚在少女的眼睛似的清遠的青天上，一輪淡白的月輪佔着，人們都知道，今宵將是一個皎潔的月夜。天還未黑，星就閃動它金色的眼睛，接着這輪明月，也舒出了它的光波。在中國對於顏色的分別中本自有「月白」的一種，月的顏色，實在應該獨闢一種的。因爲它不是白，——比白多些微青和嫩黃，但也不能就說微青或嫩黃，因爲它還有光亮的銀色。

本來，無論秋月何等明淨，大上海的中心地的人，是不會感到的。因爲數不清的電燈。拚成了一道光，使明月完全失色。就是月光不爲所奪，人們也完全給五光十色的霓虹燈引去了。

混戰展開，霓虹燈光一掃而空，就是電燈，也只在幾個最高樓閣的小窗中亮着。我眞懷疑這明月是來報復幾十年來的仇恨哩！它似乎把所有的光波儘量的舒出。把世界完全浸在水晶瓶裏，忽然我的不可改的劣根性，又發了，「趁此炮火暫歇的時候，且到屋頂看一回月再說。」於是趿着鞋，走上了屋頂。

全上海都像蒙上了一層玻璃紙，而在燈光下照着，光明瑩徹。黃浦江像一甌牛奶，凝重而光潔。月很閒，星稀得很，除了很遠的天末，更沒有一絲雲彩。

忽然黃浦江的日本軍艦，發出一種奇怪的呼聲。幾天的經驗，使我知道這是我軍空襲時日方的警號。警號還沒有斷絕，空中就起了一陣宏大的機聲，我便抬頭看去。起初，是什麼也看不到，後來，窮盡了我目力，才看見先後五六架飛機，很快的從西南飛來。他們飛得很高，使人想起春天，專愛在白雲上釘着玩的燕子。但到租界的上空，最先一隻，忽然流星樣的斜下；這完全像失去了駕駛人一樣的斜墮，但是，我們立刻就知道這是擲彈的準備，因爲當日本軍的高射砲發出了，一團團濃烟時，牠又很快的飛了上去。高射砲又多了幾個，圍着牠打去。他就一直向南飛。

就在這高射砲開得最激烈時，上下盤旋的幾隻，忽然用了最高的速度，從高射砲的濃烟裏掠過去。接連的向虹口日軍陣地投下好幾枚炸彈，立刻，濃烟就像夏天雷雨時黑雲似的翻了上來。

日軍的高射砲，爲這出奇的襲擊所震懾，他一時似乎很不方便對正方向；直到第一個砲彈開出後，濃烟已經成爲天然的烟幕；而我們的飛機，却再就原來地位，投擲了幾個炸彈。

黑烟迷漫了半天，最上最濃，中間稍淡，最下簡直是通紅的火焰了。東虹口是日軍的陣地，他們據險而守，取攻勢的我軍在前進上比較費力；現在這樣的轟燬，是非常有利於我們的進攻的。

烟越來越多，我們的飛機已經安全的飛回了。而日軍的高射砲，也靜止下來。

夜氣還是那麼清，月還是那麼明，這壯烈的一幕，已經在這秋夜中表現過了，英勇的空軍啊！青天是更好也沒有的大紙，你們用你們的武器與熱血，在這偉大的紙張上寫作絕世的偉作罷！這偉作，將永不會泯滅，將永遠的光輝。

我們的空軍，是向東北方面去的。吳淞口外敵人的兵艦和援兵，是很多很多的停留在那裏；我想你們趁此明朗的秋之夜，是會去從事更偉大的著作罷！那末，上是青天，下是碧海，你們將更大的揮洒熱血；「蒼鷹搏大海，」我心醉着牠的雄姿，何況是你們呢，何況你們！

眞是大時代啊，你使我看到這壯美的偉觀！

我空軍炸敵目擊記

鄭振鐸

「我空軍出動了！」

這是今晨，最可紀念的「九一八」以來的一個早晨，所聽到的雷似的歡聲。

「我空軍出動了。」

含垢忍辱已久的吾軍，自今晨以後是改取攻勢了！是要以蓄養已久的空軍的威力，來轟炸敵人在上海的根據地與他們的進入中國海的艦隊了！

立刻便得到極大的成功！

我空軍的威力，與陸軍的勇士的刺刀收到了合作的最高的效用，把敵人從北面迫退到南面，從東北面逼退到極東邊，他們的根據地，日本小學，公大紗廠，（他們是慣以文化，經濟的根據地作爲軍事的根據地的！）陸戰隊司令部，都前後爲我們所佔領了！

上午，我在法租界的西區辦公，聽見陸陸續續的炮彈的炸聲。

「這是高射砲！」一位同事說。

另一位同事剛從外面走進，歡容滿面的說：

「我空軍出動了！」

立刻，全辦公室裏的人都交流着喜意，久鬱的憤悶彷彿爲之一舒。

砲聲炸聲不斷的響着，如夏雷似的殷殷隆隆。

天色陰灰，浮雲一塊塊的在天空疾馳而過。風力至勁。

午飯時，流傳着種種的使我們興奮的話。

「敵人已退到蘇州河南面來了。」

「敵人的軍艦已被我空軍炸沉一艘了！」

但後來知道，敵人的出雲艦，那旗艦，被我空軍投彈，彈所及處，與那艦身相差不及百餘碼。

高射砲聲迫切的響着。

我空軍正在發揮他們的威力。

下午，三時三十分左右，我在靜安寺上了九路公共汽車，（一路已經是久候不至了）預備由南京路外灘轉到大陸商場。

車過成都路，便已看見東邊的天空，迫切的響着高射砲的炸聲。炮煙一團團的在空中卷滾着。

我空軍有三架在炮煙的上面飛過。

空中有機關槍的聲音。

一架敵人的水上轟炸機明顯的可見到牠的兩翼滿掛着轟炸彈，在空中孤另另的飛着。

牠總在公共租界及法租界的中區盤旋着，飛得很低。

車到了愛多亞路外灘，不能再前去了。

我走行沿着外灘，向東而去。

滿路的人，頭都仰向天空。

高射炮聲迫切的彼呼此應着。

黃浦江面的天空，炮烟一團團的滾卷，看牠們一團團的從江面敵艦上及領事館的屋頂上升起。

「我空軍來了！」

眼見着我空軍四架在炮煙上面飛了過去，向東而去，向敵人的根據地而去。羣衆在拍掌。

浮橋上，江邊，高廈的簷下，都站滿了人，頭都仰向天空。

說時遲，那時快，掌聲未絕，我空軍已同時投下了四顆轟炸彈，直向江面上的敵艦投下。

像是小兒玩的紙箭似的，由空中投下，看牠們很小很小的幾個黑點，立刻便大了，立頃便落在江面上，整個地面都被震動。

高射炮迫切的在響着。

我空軍已向東去。

但再一看，江邊的浮橋已折斷，站在上面的人都已不知那裏去了。

羣衆潮湧似的由江邊向西，進福州路，漢口路，九江路而逃。

空的脚踏車棄了一地。　還有縛了箱子在車後的。

我緩緩的也向西走。還想向西北轉入南京路。但已不能走得過。北面的人也都潮湧似的向南逃。

回望着黃浦灘邊，已寂寂的沒有什麼人。

高射炮還在不斷的迫切的響着。

天空上，敵人的水上轟炸機還在低空盤旋着。

黃包車上，已有血淋淋的人躺着向西拖去。——經過的不止一輛。

從福州路向南向西，沿公館馬路走着，一部紅色的救火車飛馳而過。

但是我相信，無辜者的血，必不白流的！

「我空軍出動了！」

「應兵」是無敵的！

無敵者的血，必不白流！

□我怎樣炸出雲艦

次○ 寄○

——飛將軍自述

▲花邊白影中的閒情

一束剪秋羅在我的迎面。每當我不甚覺到疲倦的時候，這瓶放在我牀邊的美麗的花，便映到我眼上來，於是這束花便成爲我安慰的對象。

我像做一個甜蜜的夢，昨日在深不可測的高空活動，今日却落在這離地面不過一尺來高的牀上。要是不曾想起創傷的時候，我不覺失笑了。此刻，我的周圍完全是白色的；除藥物以外，從覆在我身體上有被褥，到天花板，給我一眼是純潔的印象，這種環境會使人發生高雅的感覺，又清靜得使人寂寞；所謂和平，似乎就在這里，我們想要呼吸到和平的空氣，也祇有這里的事實可以形容和平這種理想。

▲學園時代的風趣濃

可是我是活動慣了的人，對於這種靜止的白色反而不安起來。雖然，天空中也是白色的，但那是流動的，奇異的透明底雲層。顯然地和我目前的情狀，意味是兩樣的。每當我的機身穿過那卷積雲的時候，分有次序的濃淡底雲層，像在剝果皮似的，被我的勇氣退在遼遠的後面，這樣，我便感到一種神祕的愉快。我之所以歡喜駕駛飛機，也就因爲由於我這種性情和幻想養成功的，不妨說，正是這麼關係，而決定了我現在的身份。

我的學習航空，從開始到如今，年代該是和中國航空教育同樣長短的，這就是說，中國一有航空學校，便有了我這個學徒。但我自踏出校門後，生活並沒有多大變化，不過駕駛飛機比較讀講義的機會多了。到這期間，我可以把大部份時間放在駕駛上面，除自由地稍涉及理論外，給我却學了不少的花樣——各種特別的飛行技術運動，如基本的："Ataij Sqin loom Side Slip. 以及Nosedive 等運動，我可以隨自己的趣味，換調的飛行。雖然，偶有時候，機上附加了各種武器，作爲作戰的姿勢出現，但這只能算爲一種難得的練習洋面都沒有機會，使我有增多作戰的經驗。不過，我總希望能有這種時機的來臨，每當時局緊張的日子。我就非常興奮的，我往往暗下去撫摩我常用的那隻飛機的駛盤，默視它立刻昇騰起來，表現抑鬱在我胸口那種憤懣後面的能力。可是我的志願像傳染了寒熱病似的；隨着時局在昇退；祗想從實地作戰上得些經驗，以爲學校教育不足的補助，結果仍是失望，還是一個飛行家貿地的，騰雲駕霧的遊歷者；也許在地面上看見我們的朋友，羨慕我有一表仙氣的逍遙，其實這正是我的苦悶！

▲時機到來之前一夜

終竟給我期待到了，這是兩週前的一個清朗的早晨，我將要作第二回騰空的時候，我的左足正跨到踏板上，出乎意料的接到本隊傳告的準備出戰底密令。在這一忽間，我感動得眼邊滴出淚水來了，有如困龍越出了泥沼，我像是已經昇飛了，而不知道身體離開了機身。這時，該不祗我一個人有這樣興奮，我敢承認，凡是我伙伴的都有這樣情形。

我是屬於最老的一隊，因爲歷史的關係，對於被伙伴們稱爲阿米巴隊，但並非全隊是資格老的，卻是，在「一分隊」這三個單位中有一個是新的伙伴。但在系統上我們要算第一隊了。應該這些沒有多大關係，祗少在作戰能力方面，根本我們從未實際地「機對機」的搭當過，卻是我們長官，也不便定出誰強誰弱的成見來。

於是在這回戰爭發動的時候，首先便被派到我們這阿米巴隊上來了，這好像一種傳統的成規，卽是，不可免的表示當「以老爲先」的厚意。自然，我們對於這種厚意是一致歡受的，那怕是自不量力，不幸的事穩定會落頭上的；這都因了甘心的慫恿，似乎無暇顧及了。

▲領空上的處女戰爭

在我們起飛的時候，錶針正指着十點三十五分，當我在扳發動機之前，仰首看見頂上一片飛快的積層雲走過，轉眼我的同隊的一個結實底伙伴先就昇騰了，不覺起了競賽的心理，我深深地吸了一口氣似很能清醒人，想是機底的那些豐潤的草原的隱味；不過我稍旋動手裏的駛盤，那在遙望中的無邊底緣野便失在我老遠的背後了。

我所用的機，是一架陸上偵察機；此次我出使的任務是偵察敵方兵艦分布的地位，平時聞說日本軍在這方面的射擊力量是很可忌慮的，爲防衛萬一起見，也便帶了一顆輕炸彈。我想，卽是不遇着被射擊的場合，我亦當留給他們一個禮物，無疑的這種觀念是不正確的，除非敵人疏忽了。事實上決不會；果然，給我的好意所蒙蔽了，我的機身距水面還不到七百尺的時候，就像急不過來似的由艦裏對我這邊射出八九發強烈的鋼砲。雖然這係我初回的遭遇，但是我的心裏並不慌張，不過比較機警一點，而仍然在黃浦江上飛行。那知道泊在江中敵方的艦，全都響應起來，立刻把靜靜江面弄得烏烟瘴氣，可是我還不就走，在目的未瞭然以前，偏要降低些，近一隻艦頂僅有五六尺，等不到他們開砲，我已經轉了方向，則來一個倒衝，再掠過一隻可以看明敵人鼻目的巡洋艦，然後我方高速的攢昇。可惜那兩隻經我訪問的戰艦所發出兩尊回敬我的砲，却意外的落空了，反而，在匆忙中給我投下一顆炸彈，當時不知道投中無有，那我已經昇到一千尺以上的天空了，這是幾百年來被屈辱的中國第一次底吼聲！我脫去那炸彈的一刻，我則覺到這是我自出母胎以來，從未有過的快感，當彈下機身減輕之際，似乎就是我的責任也減輕了許多。

這樣以後，機身便似受了我暢快的心境的感應，於是在萬重的雲間飄逸起來，非常得意。在我穿着濃雲的時候，就像小孩子和家貓戲嬉，常作急轉灣，回避它，或作翻內圈的動作，給它一個逗笑的包圍。當我從高空投向機場的一段歷程中，突然感到一陣寒流經我的身邊，同時機身微感不安。待我進休息室的時候，從窗內看出，天空泛起了數朵的雨雲，而且那可親的蔚藍的天色也便被掩蝕了。

▲眞理從砲火中探求

在我還未進完午餐，就接得緊急命令，我即半席離去，我趕忙穿好航行服，登上那架給我們預備好的單發機的轟炸機，早有兩人進去。我們各別的行了一次注目禮，接着一個隱然的微笑，當我們赴戰之前，這樣，確可以團結我們的心。

這回，我們同行的共有一大隊，內中除和我們同樣性質的七架機，此外一架是雙發機轟炸機，一架高速度轟炸機，我們夾雜起來，三架一列的有程序的成爲三排，我這一架的位次正在第三列第二排中，當騰空一千五百尺的時候，我們還是結隊而飛。待到將要降落之際，首先那架高速度轟炸機離隊了，接着我背後的一架和左邊的一架又離隊；當在我們橫過距防衛司令部25KM的地帶，我們便受指揮的命令分散開了。方我們這架機折向東去的一刻，可以隱約的聽到轟炸的聲音，想必這就是先我們到的高速度轟炸機的成績。自第一次轟炸了以後的，却便連續接下去，這時全體在動員了，我們任偶然間會到那架雙機轟炸機，這回可樂啦，想是投下三百公斤TNT的地雷炸彈，其爆力眞是振天動地。

我們這一架就趁這個機會接連投了兩顆彈下去，該是，敵艦對這突來的轟擊確起惶恐，亂發高射砲，不知技術不高明，還是因過分慌張總打不中我們，有一彈本來可以擊中我們跨機的，那就完了，可是並沒有，却穿翼柱間過去，這不過是我們側滑一下的關係，竟給我們脫了險境。

轟炸和高射擊交錯的猛鬥之中，我們又向一隻近泊岸邊的巨型兵艦投彈，這就是今天必須以頑強的鬥力解決敵方的司令艦——出雲號。我們預備擊中它的要害，便低低地滑飛下去，再向它投落一彈，同時的用機關槍掃射。可是結果，我們的機翼被破壞了一部份，正在我們抽身脫險的時候，由激浪中瞥見我們另一架機受重傷，幾乎要跌落江裏；但勇敢的伙伴還掙扎着，畢竟突破了重圍，我們這兩架同患難的單發動機相偕的飛出市區以外。

▲這民族解放底肥料

出乎我們意料之外，正在我避開一支襲來的空氣的大壓力，預備側滾的一剎間；忽傳來一聲沉着的呻吟；當下，我還以為是機翼漏發出來的顫音，那知道原來是我們的伙伴，因受重創過度，臨終的慘語！可惜我沒有留意到，只見他的血染滿了一身，大概是給兇暴的砲全部炸裂了。我覺察他的胸口還在跳動，為了存心救回這個垂死的伙伴，同時想可能的保持他的體溫，便向低飛行，放足已不能再放回的四百五十四馬力。雖然這時我的左手也被擊傷，感到痛楚和困難，但還勉強支持，在我用力挨那駛盤的時候，血便沿着腕臂流。要是比起那重傷的伙伴，我這點卻不算什麼了。我囑付一個伙伴留意他，他很傷心的告訴我，說連衣服都掩不住他淌着的血。我回頭看他的血像突泉似的在噴流，再受機身的振動，血已經浸透了他的坐位，且直向大地上流。這是我們貧弱的民族的肥料啊！他在等候他的血流完，現在面色已是慘白，眼眶也深陷的進去，可是他的眼睛卻很鎮定的，不時，還對我們浮出超然的笑，這是偉大的戰士底精神。

「朋友請忍耐；祇有三分鐘，你就可以進醫院了。」

我想不出更好的話，因一時間的感情湧上喉邊，便這樣安慰他。

「不要緊，你們顧自己的事。」

說完，他便把創傷最大的頭部埋向衣袖間。似有意遮避這引人着目的地方，不讓我們分心他。

於是我的眼睛潤溼了，正在艱苦的時候，如果半途中失丟我們這樣有力的戰鬥員，這損失實在太大了。我感到視覺遲鈍起來，現在前面是一團模糊。

「轟！」

又是敵人發來的高射砲，幸我發生急智，連避了幾響，祇見黑烟環蒙着機的邊緣。加以天陰，風又大，我們好像在黑暗中探摸。當我想到背後這可憐的伙伴時，我便勉強忘却自己那破的手，咬緊牙齒，鼓起殘餘的潛力，找我們的歸宿地，閃灼我神彩的目光，有如餓鷹在搜索食物的光景，向無限的，飄渺的空間，衝衝，衝出我們恐怖的死境。

▲正是要受傷了以後

傍晚時分，我想調節筋力，向翠色的小屋後方，沿着機場綠草散步，足踩在柔軟的草上，精神很覺舒適。那我受傷的手，已經過一次藥水的沖洗，且紮好了繃帶，固然不免感到痛，但我沒有報告上級，借此機會休息。我更要振作起來，我身上的血不能白流的，即使是一滴血，也不該背着敵人流。我邊走，邊感興奮，雖是血滲到繃布外面。殘陽的餘輝從草雜的雲片後面漏下來，映到遠方的山崗，這樣的美景，對於一個勞倦後的人，確是非常安慰的。大概走了一百五十米突遠，將要轉灣，却遙見西角有個人在招我，立刻我變了快步，向那被風飄動的白色底信號奔去。

我還未踏進辦公室，知道又要出發了。隊長眼睛似乎在注意我那受傷的手，却躊躇了一會，說：

「不便？那就不必出去。」

但我已會意到，我便掩飾這「不必」的理由，故意伸出那隻受傷的手，而且近他的面，張開不自然的手掌，活動給他看，證實我毫未失却作戰的能力。

「這不過彈片擦破一點兒皮膚，沒有關係。」

我說；表示願去出力。得隊長命令後，我方知道我們一架機被敵方包圍襲擊，正在萬急中。於是，我便逕向停在東南角的那架單座戰鬥機奔去，這時勤務已加上了油，我打開機門，一躍而上，運用非常的高上升力飛行，在狂風中，邁進，直達八千尺高度，然後向目的地插落，一刹那，這幅強頑的鬥爭場面，便呈現在我機前不遠的地方：見二架敵機，在追逐我們這架機，正是迫不得已間。但我並不茫然上去救護，據我途中決定的戰略，操向它側方飛行，想在他們注意力集中於我們那一架機上的時候，出其不測而痛擊之。於是我以神速的逆行，來一次翻外圈。

▲一段傳奇似的插話

正在這其間，想是子彈已完，陡然的我們那一架機凌空升上，這是出於敵機的意料之外，當然，敵機不肯放鬆它的，那二架敵機，便同時而且同速率的斜升上去，恰好在我們那機出頭不遠的底下，敵機便作爲畫一個九十度三角尖向記點描去似的，連同我們那架機互撞了。立刻遭受很大的損壞，都飄搖的跌下去，誰知道，我們那位智勇的伙伴，早已乘飛行傘安全的降到地面，以一架已不能脫險的機，陪葬兩架敵機和兩個飛行員，究竟是上算的。這是空戰的奇觀，要不是側身於戰圈中，決計看不到的。這種非常的戰術，是我們絕好的經驗中的教育；可惜到此刻我還沒有調查出是我們那個伙伴。

▲一場好詭秘的格鬥

話得說回來，看了這場惡戰結果，當我起折回的念頭時，不料遇到一架自己的機，默測它似很慌忙，待不到我們接近，不知幾時來了一架敵機，盤旋於我們頂上，有似監視我們的行動。我們不約的立刻遠離，我一急轉彎，預備佔它的上風。說時慢，那時快，他已經發動了機關槍，當然我不肯相讓，就用側衝，同時扳動了聯動器（Gear）立即子彈由螺旋槳旋扶圈間發出，也許我的雄心使我佔了攻勢。那知它佯逃，或對我甚麼不利，我向四周警惕着，果然它向我投來一顆燒夷彈，幸我未追上去，得免機身燃燒，在它退一著後，我便緊隨着它，眼睛注視照準器（Sight）發出的子彈和我的行動一致的，結果追得敵機走頭無路。在我偶一側眼間，望見我那戰友在和另外一架敵機抵抗，兩方戰力均等。再自西北角，悄然地，飛來了兩架敵機，不一刻，却一在我左側上方，一在我後邊下方，高高低低，一共有五架飛機會合着。既到這情形，我便暫時放棄那被我追逐的敵機，轉向與新來的兩架週旋，因為飛行不久的關係，顯然看出它們的強潑的活動。雖然現在已被敵機重重包圍，但我要生存，決定施出我未有的戰鬥術；萬一有甚麼意外，我也得予對方一個大的損失。

於是，我便展開僅有的慧力，心地很沉着而且很機敏的，突向阻擊我最力的兩架敵機間側滾出來，乘便就將正和我伙伴在鬥逐的那架給逃跑的敵機，一次迫近的掃射；恐忙它的鬥力不強，已是疲倦，祇經我們一次夾攻，就負創傷逸去了。但還有兩架，怎麼也不輕鬆我，合力對我射擊，一時便陷於混戰狀態中。約經過五分鐘的惡鬥，我的那個唯一的伙伴，因受重創飛走了。現在祇剩下我一個，在應戰兩架頗强悍的敵機，已到這樣，我惟信賴自己堅定的志意，和非常的毅力來對付險境。

▲生命寄在Bead sight上

我忍着一身創傷的痛楚，目光注射那準星，卽Beadsight，或是那被風狂吹着的風標，以爲刹時分減痛苦的對象，或上或下的敵機，彈子像是暴雨似的向我打來，我爲自衞起見，用盡我駕駛的技能來回避它們的襲擊，我感覺到全身已經潮濕，血腥味被寒流冲散開來，我欲暫脫這險境我便佯着跌落；低了它們一格，向下連續的「旋飛。」但我的體力已不允許我這樣做。不到七旋轉的旋飛，便不能再支持了，從高空直跌下來，我的意識也模糊了，至於無線電信，似已隔斷，失去它的信能。一切都完了！我忽然一轉念「民族還未解放，責任上却不容我犧牲的。」怎麼腦筋像被毒針刺激一樣，立卽渾身的血液沸騰起來，還在不知不覺間，機身却已攢昇。其實這時機身跌離黃浦江面，只有三米了，稍一差池就可以完結這架飛機和我的生命。

在暴風雨的高空，展開了我們一場毒辣的格鬥，到黃昏時候，我才結束這一天的活動。據說，我駕駛的飛機，幾時降落到機場上，不單我自己無從知道，連留在機場的人都未注意。待到發覺，他們還以為我是一具屍體。

▲感謝當在威力圈外

意想不到的，這具屍體此刻又已復活了；藉各方面的助力，要想感謝賜我的美意，惟有希望我的體力能早日復原，再上前線去！最低限度，要先把敵人絕跡，自由飛行我們領空的二百餘公里底威力圈以外。

我一刻也不會忘了我的職能和宿仇；這裏還有一方窗子，既可以看到高朗的天景，又可以看到敵機的行動；由此，使我對它們更深的認識，而更加瀏覦！

當我擱筆前，該感謝這隻負傷的手，歷七八小時為我紀錄這段回憶，使我留下生活中最寶貴的一頁。再有那縷縷的花香，由它減除我休養中無限的寂寥。（國聞週報）

□杭州空戰偉蹟

——航校校長訪問記——

此次中日空戰，我空軍將士忠勇奮發，迭奏奇功，獲得中外人士一致之贊美，在杭指揮作戰之航校校長陸慶雲，副校長蔣堅忍，晝夜辛勞，策劃精密，厥功尤偉，日昨記者特以私人資格，前往作友誼之慰問。於下午二時半到達××室內設備簡單，忽見客至即立起含笑相迎，一一握手後，詢氏等當面致慰勞之意，陸蔣二氏亦謙遜有加，據二氏談：

我方空軍此次敵人來杭作戰之空軍，爲對方最精銳之隊伍，十四日首次襲杭時，初不料我軍如此精悍，竟將來襲敵軍殺得片甲不留，連日雖迭次對我方有所攻擊，但無日不被我空軍擊落數架，對驅之技，原無足畏。

敵少鬥志，方謂此次勝利，平日訓練比較認眞，雖不無關係，但師直爲壯，革命空軍，士氣蓬勃，實爲主要原因，如第×大隊長高志航君，十四日下午尚在××經余電知日機即將襲杭，彼問須若干時可以抵杭，余謂三十分鐘，彼謂無妨，當立可來杭應戰，抵杭後毫不休息，日機一到，數分鐘之內即迎頭擊燬敵隊長所駕機一架，高君左臂亦受彈傷，雖鮮血迸流，猶從容以右手駕機安然落地，其一種勇往直前鎮靜不亂之精神，實足爲我空軍戰士之模範，至敵方空軍，則極少鬥志，以迫於上官命令，勉強來華，到達目的地以後，疲勞之餘，又加以心理上之恐怖，以致炸彈亂擲，標準毫無，更無作戰能力，如日昨詢問之三俘虜，皆戰慄無人色，雖其平日訓練頗佳，然缺乏鬥氣，一臨戰場，便如紙上談兵，一無用處。

敵軍實力未謂現在東南擾亂之空軍，除台北之木更津隊外，尚有江浙海面之航空母艦三隻，一爲加賀號，爲日本最大之航空母艦，計載各色飛機四十八架。一爲龍驤號，載飛機四十架。一爲能登呂號，載飛機十六架，查敵方爲一海島國，僅有航空母艦六隻，平時空防已頗難保衞，今竟以半數開來我國，足見其恐慌之一斑，又敵方飛機之能力，除台北陸機稍可一戰外，其航空母艦之水機，作戰能力，行爲薄弱幾於不堪一擊云。言至是適於十四十五兩日連續擊落日重轟炸機三架之梁添成君來此，梁君係一華僑，爲國內一著名運動健將，後以國難孔亟，乃轉學航空，身長六尺，體格雄偉，而大勝之後，毫無驕態，舉動之間，尤形沉着，一見卽知爲我大中華之航空健將。蔣副校長當卽爲記者等分別介紹，許等一一與之握手，並祝賀其成功，梁君與另一空中健兒以卽須赴某處作戰，卽與各人一一握手別去，時已四時許，溧水擊落敵機二架之喜訊已至，記者等乃悵然告別。

慰問勇士返杭後更以××有我受傷空軍將士多人在彼治療，乃往慰問，分別晤見高志航劉維權錢國勳王禾諸勇士，各人房內皆有各方所贈之鮮花，高君床頭鮮花尤夥，此足以見民衆對勇士之敬愛，高君曾與記者等暢談空戰經過，並謂敵在滬公大紗廠存有未裝配之飛機百餘架，此次經我空軍轟炸，焚燬一空，敵方損失實屬奇重云。

□杭州灣空戰追述

迪。民。

我們回想到一二八，杭州灣空中大戰，那時我們空軍剛樹立了基礎，在一個熹微的晨光中，我們毛羽未豐的鐵鳥，遭遇了敵人的蹂躪。結果我們傷了一位空軍將領，並損壞了一架飛機。那時日本新聞紙的刊載，一秉他誇大的習性，對於杭州灣的空中大戰，認為空軍是他們空前的戰蹟，多用着大號字的標題刊載，算是他們空戰史上最珍貴的一頁，這事回憶起來，已是六年多了，不善忘的中國人，是乎還在腦海裏映演着這悲慘恥辱的一幕。

過了六年後的杭州灣，又掀起了狂大的波濤，在八，一四的下午三時許，杭州市的防空警報初次試着可哀可泣的嘯聲，市民聽着警報，逃的逃，躲的躲。恐怖和憂慮的心理，在每一個市民的臉上顯示出來。

二次汽笛的響聲，這是報告敵機已侵入杭市的領空了。這時我們翹首着穹？眼看着一朵朵的白雲，很悠閒的舒卷自如。而敵機和我們的飛機隱約中，在那裏時隱時現的盤旋上下，耳邊祇聽着轟……的爆炸巨響，。這是敵方派來最精銳最精勇的重轟炸機十一架，來轟炸我們這唯一的航空學府。我們空軍將領都抱着與敵拚命的雄心，沈着應戰的追逐驅趕。這時炸彈和高射砲的聲響，不斷地像聯珠似的相互奏應。我空軍高志航君首開紀錄，將敵機擊落一架，頭尾兩翼，五化四散。後來查明機頭在金門檻，機身一翼在麻基村，機尾在趙基村。機上的機師槍手等等，都已烏焦巴弓，而且粉身碎首，殉了他們的職務。高君在鏖戰時上下掃蕩，左右迎擊，他那活躍迅捷的技術，使敵人見了咋舌。當時他在機上應戰，傷了左臂，他還用着右手開機，在鮮血迸流中安然飛回機場。這種鎮靜不亂的精神，足為我們空軍的模範，現在他還在醫院療治。可是不過一些輕傷，稍微幾天，就可痊癒。但是他仍希冀做一個像歐戰時以一機擊落敵機百架的德國紅武士。他又說即不如此，至少也應當做一空軍烈士，幾符了他求仁得仁的初願。瞧着他弈弈的精神，豪爽的性格，頗使人敬仰不已。

高君首開紀錄之後，於是接二連三的在筧橋又擊落了兩架，還有五架受傷飛去，徬得徘徊在浙東的上空，次日在餘姚，蘭谿，浦江等處發現幾架殘餘的機體，而安然回去僅僅祇有二架，這種空前的損失，開空軍戰史上未有的紀錄，也是我們空軍初出茅廬的第一功，很值得紀錄。

這隊初次光臨的敵機，是從他台北的根據地出發，乃日本空軍中最精銳最神勇的號稱「木更津航空隊」的一隊，它是預備應付世界大戰的。歷年來日本軍部極度擴軍，對於空軍之發展，更是不遺餘力，但是他們國內自己號稱是最精銳最神勇的在這一天卻被我空軍重重包圍，整整有三小時之久，天空雖是寬廣，但是也殺不出一條生路來，祇好飛來飛去的在白雲堆裏隱藏避匿。同時眼看着同來的餘機，一隻一隻的墜落下去。

這隊重轟炸機，是日本依據德國容格式仿製的單葉雙發動機原名九六式陸上攻擊機，最高速度每小時二百二十公里，航行半徑二千公里，機內可坐六人至七人，操縱員，轟炸手，無線電攝影手，射擊手等，應有盡有，設備齊全。這一隊來襲的企圖，原想將我們空軍根據地炸成一片平地，誰知初出祁山，竟遭逢着這般空前的意外損失，初非一般窮兵黷武的軍閥所能夢想得到。

十五日的清晨，他們重整旗鼓，又來襲擊。這時我們駐在口口口的空軍將領劉超然，率領七機，迎頭痛擊。敵機一共十三架，瞧見我空軍迎戰，即四散飛開，東西零落，先後被我機射落了六架，其餘的七架狼狽逃去，而且擒獲了一名俘虜。同時還有八架是飛到筧橋投擲了炸彈七枚，就紛紛向杭州灣逃走。

這一役我們最值得紀錄的要算劉維權君，劉君首先發見敵機，與敵機八架苦戰多時，當將他們擊敗，同時還擊落了一架，自己頭受了傷，仍能沈着的安全落地。不過他的傷勢過重，醫治無效，竟於十九日夜十時三十分壯烈的爲國犧牲。劉君是河北人，南開學生，是航校第六期畢業生。敵機轟炸南開，劉君聽了悲憤塡膺，所以這回有着機會殺敵，當然是分外神勇。他的春秋祇二十有四，這種人材的損失，頗値得我們十二萬分的悲悼。

這兩次的空襲，敵方損失已經查明的一共有十一隻之多，（已詳前電訊），其餘未經尋獲的或已尋獲而未經記者探悉的，當然還不在少數。考查它的損失，第一日來襲的重轟炸機每架値五十萬元，其餘以每架二十萬元計，損失統計已値一千萬元之譜。同時被擊死亡的飛行人員，當時在杭縣境界發見的有二十餘具之多。俘獲的有七八名，這種人材上的損失，更不是數字所可統計。

杭州灣的波濤依然奔放，而我們六年來民族的一幕恥辱；仗着飛將軍們的神威，已將它洗濯得乾乾淨淨。

口高資空戰目擊記

沙。昌。文。

今早（九月十九日）上午八時五十五分，南京及鎮江等處發出空襲警報後，敵機多架卽於九時廿分許來襲首都。其中一架被我空軍由句容方面逐向此間，（高資鎮地方，距鎮江西沿京滬路約廿餘華里處。）至西南角金家邊一帶（金家邊村莊距高資約六七華里，爲全國產白石最有名之地」上空，敵機遂用機槍向我方追逐之空軍猛烈掃射，我空軍除予以還擊外，並由另一機向前直撲，待至九時廿五分時，敵機已逃至高資鎮上空，（因飛行極高，此間絲毫未中流彈。）我方之驅逐機一架，已緊逼於敵機左側。斯時，敵機倉惶萬狀，狼狽不堪，同時竟愈飛愈慢。至九時卅分時，我在北面之一機，又迎向敵機之前面，遂又發生遭遇戰。斯時，只見我空軍顯其神技，從容應戰，上下自如。俄頃，但聞轟然一聲，敵機卽已墮落。我空軍見目的已達，乃以欣慰之態度飛至低空，向該下墮之機偵察一週，卽直上雲霄，歡舞而去。

事後，筆者亦足涉小溪，往敵機下墮之目的地進發，親往探視。行至距本鎮南約二里許之田野中，卽見一紅色圓形敵機之徽章，在已破粹之兩機翼下發現。再向前進，到距庸家莊村東北角約數十丈處，又發現一四五尺深之大洞，（蓋爲敵機墜落時所造成）斯時，地下已散佈機內之零星物件不少。而在該洞西南方兩丈許，此被燬之敵機卽全部呈現。機身已全燬，紛碎不堪，故機內詳情已不可知。祇知該機內有四人，一爲開機槍者，一爲收發無線電者，一爲駕駛員，一爲看地圖者。此四人於墜落時已完全斃命，其右側尚有一黃色橡皮質之降落傘。可知此四人於千鈞一髮之際，欲圖以該傘逃命，而不可能也。另有機槍一支，在其左側，槍管已毀壞不堪；槍旁尚有子彈兩盤，一盤猶完整，另一盤正在機槍內登膛處，已有十餘發放過。此外，並有炸彈多枚，留在機內，尚未爆發；更有如皮球樣之毒彈數個，留在機槍之旁。該機身長一丈七尺餘，爲九五式水上偵察機，爲中島第一〇五號；機槍上亦有字曰：「旋迴銃彈倉。」此外，尚有多處印有紅色之「松村」等字。機內有無綫電記錄薄一本，約百餘頁，紙爲白色。……

筆者於事前既見其作戰，事後又見其已毀之機身，故所得之情形較報章上所刊登者，實更詳盡而確實。故不避文字方面之粗俗，急爲辛報讀者告，希廣爲宣傳，俾知敵機之不足畏，而我方空軍之技術，實遠在敵方之上也。（當九時廿五分我空軍與敵機互戰時，我方亦僅有一機與之對抗，如敵機上之駕駛員稍有技巧者，在我方又一機尚未追逐至前面之時，大可開足馬達，向前逃命；但事實告訴我們當我機追至敵機後時，敵機業已倉皇萬分，不知所措，敵機上駕駛員之低能已完全暴露。）

（一九三七年九月十九日下午一時筆記於高資鎮。）（辛報）

□太原三次空戰記

敵機自「九一八」六週紀念日起，就每天來太原轟炸，每天且來三四次不等，皆經我機飛起迎擊，在太原及附近上空，發生過三次劇烈的空戰。

九月十八日下午三時半，敵轟炸機兩架，從張北來襲，我機五架迎擊，敵機一架未敢入城，轉向東北方逃飛，我機跟蹤追擊，在同蒲路北段炘縣豆羅車站，將敵機擊落於牧馬河中，駕駛員等三日人，立被摔死，另一架也倉皇向北逃走，恰巧碰到我們在前方作戰歸來的空軍回來，不數分鐘，就把敵機擊落於崞縣附近，駕駛員一被俘，一摔死，平綏線自南口失守後，節節敗退，這次擊落敵機兩架，乃是平綏線上第一次的勝利，現在炘縣擊落之敵機，二十日運回太原，油箱及發動機全部燬壞，機之尾和兩翼，密集的佈着彈痕，機尾有「七七八」字樣，并繪有櫻花三朵，也被擊得破碎了。

十九日，是舊歷中秋節，黃昏時候，街上行人擁擠，因爲他們以爲敵機不能在晚上越過雁門關和太行山，所以都出來度這團圓的中秋節，可是下午六時分，（上海已爲六時五分）突然聽見警報，敵機乘着月色，前來夜襲，這給市民極度的恐怖與騷亂，六時二十分，敵機飛太原上空，在開化寺（如上海之城隍廟）市場，半坡街住宅區，（記者住宅亦被炸燬）姑姑庵等地，投彈百餘枚，死傷三十餘人，毀損房屋百餘間，我機飛起迎戰，機關鎗聲像落冰雹一般，但是因無探照燈設備，敵機在太原上空半點鐘，才被趕出去，據某飛行員云，『此次敵機來四架，皆九六式重轟炸機，由天津飛來，每機有二個發動機，每機有七百五十四馬力，值價四十五萬元，機內坐七人，此機異常笨重，白日絕不敢來，所投炸彈，爲昭和四年造，重五十磅，華北一帶敵機，除此重轟炸機係日本購一部德國材料自造外，餘全是東四省的華機，在『九一八』時被其劫去改製者。

二十一日下午一時十五分，敵機二十架來襲，我驅逐機四架起飛迎擊，到了上空，發現敵全是戰鬥機，專來挑戰的，我機一架，駕駛員黃君，被敵四機，分佈上下左右包圍，黃君技術極為高強，駕機上衝下墜，左右側擊，激戰三十分鐘，可是來的敵機雖然多，仍被我擊落兩架，殘骸在附近城郊，民衆因敵機全是戰鬥機，未擲炸彈轟炸毫無損傷。

以上三次劇烈的空戰，使得本來在晚上開門營業的商店也竟日停止營業，每條街上祇斷續的有幾個行人，一二輛人力車踱着慢步，找不到乘客，市上呈現着淒涼悲楚的景象，一個人走在路上，會感到心悸而又酸痛起來。（九月二十二日太原）（新聞）

□重陽空戰記

竟夜的怒風把黑暗的陰霾掃個淨盡，顯現樣出明鏡的蔚藍色的天空。這天是重陽佳節，在久雨初晴後，天高氣爽，萬里無雲。這實在滿足了他們——空軍戰士——的渴望。每個歡快而高興的面容立刻呈現出來，他們在黎明時以極迅速時間就完畢了早餐，穿上飛行衣，趕往飛行場。他們雖在休息，但他們的堅決的意志，活躍的態度，毅勇的精神却都充分表現着，有的笑着說：「今天舊曆重陽節，敵人會送禮來的。」話猶未了，敵機空襲警報果然便嗚嗚地拉起來，於是我們機場上螺旋槳的聲音響了。霎時間，機聲透入雲霄，我們空軍陣容。在天空的朝陽中擺布出來，像飛雁一行那麼馳往天邊，眼睛一轉便看不見了。

果然，他們游獵到了蘇州至江陰一帶空際，發現敵機了，他們開足馬力追上去。敵機是雙座的水上偵察機，到了江陰上空，已是無法逃脫。我們空軍英雄，個個都似幾月未吃生肉的餓老虎一般，見了這樣兩只肥牛，那肯輕易放過？便分左右翼兩面前進，把敵機夾在中間下空；飛到適當距離，便爭先向左右衝殺。英雄們的機關槍陸續掃射，敵機匆忙地接受不了，一架下墜向江面；我空軍英雄中的一位，便追了下去，把牠打下倒插入水中；另一架也受了傷着火燃燒了，帶着一縷黑烟下墜大江。當我們的空軍英雄歡快地回來時，在他們起飛前桌上倒的開水還是溫的。因為由警報開始到警報解除，只有半句鐘呢！

下午一時半，敵人大隊的飛機確來送禮了，警報傳出後半小時光景，我們空軍英雄的一部，在雲端上離地一萬公尺以上，迎上敵人的飛機。這次，敵人有九架轟炸機，六架驅逐機，敵轟炸機在驅逐機保護之下，向京中前進，我們幾位耐不住殺氣的空中英雄，迎至較近的當兒，便衝衝向敵人的轟炸機那邊殺去。敵驅逐機接了上來，雙方空中戰鬥由此展開，一會兒都衝散了，我們幾位戰士，便相互的追逐獵擊物。不幸得很，我將士曹芳鎮君處劣勢之下，受傷降落燕子磯江中，他光榮的戰死了，他的精神將與江水長流。高志航戰士把距離最近的敵機追擊至兩三百米突的距離，他才開始施放他準確的機關槍，大概子彈擊中敵人腹部，這時敵人還很快的拉機上升翻圈，也許敵人就在上升的時候死了，因為這架死人的機器，老是上下不斷地旋轉。這時高志航倒弄得對敵機無法描準開槍，只好在上空盤旋對敵監視，忽然他得了一個射擊機會，湊上幾槍，敵方便向龍潭方面墜下去了。但當他急遽地回頭的時候，他又尋到他的獵物，追擊的結果，又是結果了一架敵機。而他又轉回來幫助陳有為君擊走了另一架的敵機。正當他抽身追敵連續在敵機尾端上空射擊的時候，敵驅逐機兩架抄在他的後面，由他回顧發現敵機的時候，他趕快掉頭上升，飛機一個翻身。便又追在敵機兩架的後面了，敵機也很迅速上翻，雙方正在衝殺，他忽發現敵機增至三架，他受包圍了，於是他施展其上拉斜面倒飛神技，敵機竟無法對其攻擊，他上升到一塊雲裏去。這時，劉粹剛戰士也已在衝擊敵機了，黃泮揚戰士則十分勇敢地與敵機盤旋在另一角，很輕鬆的將敵機擊落。於是，他們遊弋天空，繼續搜索他們的獵擊物。劉粹剛戰士經久戰之後，他覺得機上某一部鋼絲好像被擊斷；當他降向機場時，忽然發現敵機一架正緊追在後面，跟着他往下衝來，速度很快，愈下愈近。他自己的機器雖已減低航力了，但他覺得機器尚可操縱，便將油門關小，待敵機來至距離較短時，便以九十度直角小轉灣，突轉迎向敵機，敵機頗靈敏，亦急遽拉向上升，復欲控制劉戰士飛機之後，而劉則隨之上升相互追逐，忽得在其後側一優越地位，即疾按其準確發射之機關槍，砰然一聲，敵機油缸被擊中爆炸，便似一條大龍直拖向地面下墮，劉戰士在空中迴旋數匝，好像笑視他手下的犧牲者，一場空前的惡鬥也便結束了。

這一天戰鬥的結果，敵水上偵察機，被我擊落兩架，敵驅逐機被擊落四架，還有受傷逃回的敵機，無法調查，我們的空軍呢，沒了一位好漢曹芳鎮烈士，壞了兩架飛機。

晚上，參戰的英雄們和其他一部接班的好漢，把着酒盞，說：「今日舊曆重陽節，敵人送六架禮物來，我們痛飲一杯！」答稱的說：「好！再來一杯！」（慶安）

（辛報）

口訪問天空戰士

振聲

（一）祝鴻信

沉悶的天氣，暗澹的風雲，懷着一顆熱烈的心，踏上了細雨霏霏的街頭，走進了××醫院。

空軍第九分隊隊長祝鴻信他是住在四樓的，我從前也來過了兩次，他也先後遷移了兩個病房，不過我前兩回來的時候，總看見有一位區輝先生，（空軍第三隊隊員）跟他兩個人，臥在病榻上靜養，這一遭却祗看見祝先生一個人，堆着滿面的笑容，跳下床來讓座。據說：區先生早已經在幾天前出院了！就是他本人，最近兩星期內，也決計可以歸隊。報國有日！面部上他浮現出了欣慰的微笑！

「八一三」全面抗戰序幕揭開後，一飛冲天！祝先生是我們空軍先鋒隊裏，造成勝利紀錄的首創者！同時也可說這次勝利聲中的最先犧牲者！　同件任雲閣的殉國，他自己的掛彩，造成了歷史上的空前紀載，國際間的榮譽地位。

這一天他的精神很好，談鋒也特別的健，而我最關心的他一隻左臂，雖然在臂灣中間，還纏着一層紗布，可是它也已經能夠輕輕地伸直，慢慢的灣轉來了。

我這隻臂膀，現在可以不生問題了，將來一定還可以駕駛了飛機報國家的公仇，雪個人的私憤！

「不打死我，終有報仇的一天！」這是我想起了第一次訪問祝先生時，孫長儒醫師跟他施行手術時候說的話。

同階時海裏，也立刻反映出一個怵目驚心的回憶：

「血，殷紅的血！肉，模糊的肉！祝先生躺在床上，痛呀！呀痛！咬緊着牙根，縐牢了眉尖，悲壯的喊着：孫醫師一方面在自顧自很小心，很注意底執行伊神聖的職務，一方面又很和善的安慰他說：請你忍耐一下吧！我輕一些！馬上就好了！接着四塊大小不等的碎彈片，一塊一塊都被孫醫師從模糊的血肉裏鉗了出來。痛！我喊着覺好過一些。痛！痛得我痛快！恨！也恨得我切骨！這是祝先生當時的回答：同時他並且還要求把鉗下來的彈片，都給他保留了做日後的紀念！」

這兩天日本飛機又三番五次的轟炸我們首都和廣州了，又不知道又有許多莊嚴富麗的建築，跟無數安居樂業的同胞要犧牲在敵人的殘暴行為下了！祝先生他打斷了我的思潮，衝破屋沉靜的空氣發言：

「言為心聲！」有了愛國民的堅強信念，所以才有救國救民的最大決心，他是怎樣的一刻不會遺忘掉國家跟民族呀！我這樣底默默想着。

察省是怎樣的陷落，大同又如何會失守，劉汝明的按兵不動，誤我戎機！李服膺的不戰而退，縱敵深入！話到：那班庸弱的軍人，我們大家會切齒的痛恨。南口血戰，楊方珪的全團將士，南綠塹齊毀，寶山鏖兵，姚子青的一營健兒，偕孤城共殉！談起了：這班民族的英雄，我們又不知不覺的會眉飛色舞，彼此除了談着國內抗戰消息以外，又祝先生他告訴了我許多關於空軍作戰的技術。

「祝先生你能否告訴我‧你過去受傷的經過嗎？」我見他精神依舊很好，便提出了這個問題向他請求。

可以！可以！不過我沒有把敵人趕走，倒反而自己先受了傷，這豈不是要叫人聽見了覺得笑話嗎？接着他也就滔滔不絕的說了！

八月十四這一天，我們奉到了當局的命令，派了三隊飛機，來淞滬參加作戰。我們一聽，一個個都高興得了不得，馬上由××出發，三十分鐘後，我們已經活躍在黃浦江上的領空了。測定了目標，「出」其不意的躲在「雲」霧裏，向「出雲」艦轟炸，當時我們據高臨下，很清楚的看到敵艦上手足無措的忙亂情狀。我們的任務終了後，我們依舊的飛了回去。

第二天下午，我們又帶了送給敵人的禮品　炸彈，再飛到上海，預備轟炸公大紗廠附近的敵軍臨時飛機場。這天因為是雨霧瀰漫，目標不容易找尋，同時却發現了有敵人的戰鬥機一架，正向我們迎面駛來，不過高度沒我們的一架那知高，我想追過他們，掉下了炸彈，再來跟他作戰，因為我的這一架是輕轟炸機，也可以利用作戰，可是料不到這時還有一架敵機，更高底飛在我的上面，由後方追來，用機關槍向下密集的掃射，敵機下高射砲更像火星樣的轟來，我機處在前後左右的上下夾擊之下，形勢是危急到萬分。那時，我個人也早就把生死置之度外，滿想掙扎一分鐘是一分鐘，正在這千鈞一髮的時候，急中生智！我立刻把飛機斜傾底直豎下來，敵機滿以爲是我機被擊中受了傷，所以便停止了射擊，我就乘了這個機會，突出了他們的包圍，再更高的飛升到了雲霧裏，摸摸自己的臉上，已經濺滿了血雨，同時左臂也覺得隱隱作痛，便把它塞進了衣袋，幌了幌腦袋，伸了伸頸子，也還跟平常一樣。再檢視了一下機件，幸虧也沒有致命的傷害，不過這時眞個要是飛機不中用的話，我決計飛回去跌到敵軍的兵艦上去，玉石俱焚！後來我恐怕飛機飛不到××，半路上出毛病，所以沿着鐵路線飛到了虹橋機場降落。回過頭來一張，我的同伴任雲閣，却已經飲彈殞命，爲國捐軀。我模糊地也被送到了這裏。說着：他有無限的悽惻！

我們空軍，這一次出動，原是爲了應戰，不像敵人漫無目標的濫轟瞎炸，反正祇要是在中國領土上，丟下了一顆炸彈，那末，轟毀的還不是中國的土地，犧牲的還不是中國的人民嗎？可是我們就兩樣了！我們決不肯把炸彈隨意濫拋，我們擲下的炸彈，是要有相當代價換回來的——敵艦，敵軍。所以我們總是向他們的彈雨槍林裏鑽。誰都是抱着大無畏精神，非完成了任務，是決不飛回來的。凡是每一個飛行員，我們大家都有一把「不殺敵人，卽殺自己」——委員長賜的佩劍，隨身掛在身上，既然沒有一個肯偸生，所以也就決不會有一個做俘虜，祝先生講完了他受傷經過以後，又發表了這幾句的談話：

「不斬婁蘭誓不還！」那末這氣壯山河的壯語，比較敵空軍俘虜所書的自供，相去就不知道有千萬里了！記者屬稿的時候，寫到這裏，鐵畫銀鈎，腕底下也好像有勁了不少。

最後我們又談了些祝先生的家庭。

他今年廿六歲，家裏祇有一個媽媽，一個弟弟，老家是早已淪亡了快近六年的熱河。最初他二十歲的時候。就在瀋陽張學良創辦的航空訓練班裏訓練。「九，一八之役，國破山河在，他獨個兒懷着凌雲壯志，奔走天涯！考進了杭州航空軍校，第三屆畢業出來眼睜睜想着自己的老母弱弟，在這悠長的歲月裏，始終還是被壓迫在敵人的鐵蹄下，有家歸不得！」說到這裏，他已經擒滿着一包英雄虎淚。

「鄉愁」我再也不敢談及身世。來引起這位「遊子」「征人」兩重奏的「飛將軍」悲哀跟隱痛，祇祝頌他能够早一日的收復失地，打回老家去！在慈母的懷裏，重溫一下「骨肉之恩」的舊夢！

可喜的，據昨天報上登載的消息：說這位飛將軍因爲作戰勇敢，當局除重賞之外，並且還晉昇了上尉，以示鼓勵。那末，兩星期以後，我們又將看見這位新中國杜石的飛將軍從天而降了！

（華美晚報）

（二）阮樸羣

在××路的傷兵醫院裏很僥倖地會見了我們的天空戰士阮樸羣少尉。

二十二日上午，他在劉河敵人陣地裏投彈的時候受了傷，當天晚上就進了醫院的。下一天早上，記者就知道這消息，立刻驅車去訪問，可是連去了三次，醫院裏的辦事人都婉言地也絕我，阮先生雖然受的傷很輕，可是需要安靜的休息，而且醫生是禁止他談話的。直到今天，——第四次的訪問，才由該院劉先生的引導，會見我們了空中的戰鬥員阮先生。

阮先生躺在走廊的睡榻上，精神很健旺，記着和他招呼的時候，他好像已經預先知道有客人來訪問他的那樣微笑着和我點頭，我們閑談幾句之後，就作了以下的談話：

阮先生是那的人，今年幾歲。

福建。今年二十五。

能夠約略告訴我那天受傷的情形嗎？

那天上午，我們的飛機奉命到瀏河敵人陣地去投彈，當我在天空飛翔的時候，後面突然有八九架敵機包圍上來，因為寡不敵衆，我的脚踝上中了幾顆機關槍子彈，當時就暈了過去……

國家待我們太好，民衆待我們更熱心，眞是抱歉得很。他牢牢記着兩顆炸彈沒有命中敵人的陣地為憾。

阮先生的腿——沒有問題吧？

他輕微地移着自己的腿，笑着說：

就是行動不便，大概是沒有問題的。

我默念着「留得青山在，不怕沒柴燒。」阮先生或許和我想着同樣的念頭吧！不禁相顧而笑。

辭別出來，太陽強烈的在天空照着，這正是「如日之昇」的象徵吧。（申報）

（三）區輝

二十一日侵晨，天氣朗晴，該是空戰可以清晰地看到的一天。記者方出家門，卽聞空中機聲軋軋，此時心中非但沒有分毫恐懼的情緒，反而恨未能早些看到空中激戰的展開，再看我機圍攻敵機的雄姿，以便在訪問我們的空中殺敵英雄有談話的資料。

記者今晨九時半，由了事前的預約，到××醫院去訪問我國空軍第三隊抗戰英雄區耀君，由醫院負責人的引導，我們上了電梯，去叩×號病室的門，當由一個外籍看護婦出來開門，記者當遞進了名片，卽蒙接見，區君體格魁梧，那時睡在床上。見了記者後，卽半仰起來招呼，他穿了件汗背心，在臂上縛有綳帶，精神之佳，使人不覺得他是住在醫院中的病人，和區君同住的，尙有在十四日那一天抗戰受過傷的祝隊長。

記者乃陳明了此次赴醫院慰問的意思，區君態度很是溫和客氣，說爲抗敵受傷，乃中國軍人的天職，所以囑記者傳達讀者對於個人受傷，不必介意，而應從國民護國工作上去努力。他又說，現在負傷卽可全愈，所以出院殺敵之日，已不在遠。

記者乃詢問殺敵受傷的經過，區君的精神突然興奮起來說：「在××日，奉命一小隊飛往炸吳淞口外的敵艦，飛到目的地後，敵艦上的飛機卽倉皇應戰，我們抱了爲國犧牲的決心，見敵機到來，恨不能立卽予以殲滅，於是天空大戰遂開始，不知在那一瞬間，我已受了傷，但以爲轟炸敵艦，目的已達，生死早已置之度外，所以殺敵的情緒更加高昂起來，最後，平安地在××附近降落，由我軍送回來，入此醫院就療。

最後，記者問日本空軍的實力如何，區君笑了一笑，用半廣東話說道：「東洋人飛機師的本領不過爾爾，國人儘可不必躭心。」

至此記者本來還有許多話要問，因恐與區君的靜養有妨，便與辭告退，又記者告別時，蒙區君爲本報題「空中殺敵」四字，並允許記者攝影，刊諸報頭。

按區君名輝，爲航空隊第三隊少尉，自日本在上海挑釁，大戰開始後，卽奉命來滬，加入前線殺敵云。（時事新報）

（四）陳其光

九月二十一日在太原上空與敵機奮勇搏戰，竟致受傷之我空軍勇將陳其光氏，養傷於××醫院。記者往訪，陳氏住該院特等病室，傷勢未痊，額上尙紮有綳帶，惟精神極佳，已能起行，口操粵音，記者亦卽以粵語交談，記者首致最誠摯之慰問，並對陳氏英勇抗戰之精神致無上之敬禮，陳氏謂此次抗戰負傷，各界紛來慰問，實爲銘感，現傷已漸愈，二星期左右，可告復原，當再駕機殺敵，以符希望。記者復詢以陳氏在空軍之歷史及戰績，承其詳告，茲摘記於下：

陳君之生平　余（陳自稱）爲廣東番禺縣人，今年二十八歲，現任空軍驅逐機某段段長。國軍北伐時，深感空軍對於國防之重要，遂於民十七年在粵中中山大學附中畢業後，卽考入粵空軍學校第三期，民十八畢業，旋卽由飛行員升任小隊長。瀋變發生，余等曾請纓北上，奈因命令未頒，未克如願，但已加緊技術訓練，俾能隨時効力。

京滬之戰績　及至八月十三日滬戰發生，余卽奉命領隊，在京滬等地作戰，曾往滬間敵人戰地口外敵艦投彈多次，殲敵多人，敵機被余等擊落者爲數頗多，屢予敵空軍巨創。

在晉展神威　奉令來晉後，卽逢敵機襲并最緊張之際，十八日率五機迎擊敵機，擊落敵偵察機一架。十九日四機與十餘敵機戰鬥，又擊落敵轟炸機一架。二十一日下午敵方派驅逐機及轟炸機二十四架來襲，余率另一機與敵九機戰鬥甚久，雖然衆寡懸殊，但以殺敵心切，仍鼓力應戰，後隊中忽有一機單獨下降，向余機射擊，余見有機可乘，且揣此機恐爲領隊者，故卽加以猛烈射擊，約十餘分鐘，卽擊中其油箱及其機身，旋卽下墜，後余見另一機已爲敵機包圍，乃趕往營救，與另四敵機相持二十餘分鐘，不幸左臂中傷，被迫降落於城內女師，額部被機身擦傷甚重，遂失知覺，後在該校救出，送院醫治。

擊斃三輪寬　翌日得悉昨夜被擊落敵機爲隊長三輪寬所駕駛，頗覺興奮，按三輪寬爲日本有名之陸軍射手，後投空軍，駕駛射擊俱精。九一八之前任東北航校教官有年，在際際上彼以善戰名於時，此次戰死，實爲驕傲所致，因彼並不率領池機共同包圍我機，竟單獨下降作戰，可見其估計自己技術甚高，而藐視中國空軍，以爲不足其一擊，殊不知中國人對敵軍早恨之徹骨，決死抗戰，並不稍有畏懼，且年來技術進步甚速，非如彼所料之脆弱也。三輪寬率領之機隊，意欲於二十二日襲晉垣，乃彼先死，乏人指揮，全部計劃已告失敗，在三輪寬遺屍中獲得彼之私章，指揮劍，地圖，及重要手册，上載敵進攻計劃頗詳。

敵強不足畏　陳隊長並云敵人雖強，殊不足畏，祇要大家抱犧牲決心，勝利必屬於我。在南京時，敵彈雖已落在我機場上，但我空軍仍飛起應戰，敵夏谷上校所主領之大隊敵機五十餘架，被擊落者四十餘，夏谷率十餘殘機回國，即以自殺聞，因遭我空軍奮勇抗戰而慘敗，無面目見其國人也。

陳君之壯語　陳氏最後謂我國空軍實力，不減於敵，且我係被侵略者，戰鬥員均拚命衛國，精神遠勝於敵，保衛山西收復失地，為軍人天職，余等誓流後一滴血，來為民族解放而鬥爭，深望全國民衆，一致奮起，共挽國難。現惟見後方各地均多遷移，即護士醫生亦有逃避者，想在此全民抗戰中，亟需人才，何能卸責，且此時如不一齊動員，將來不免要做亡國奴，既然死亡，不如現在共向敵人拚命，以求民族解放，則反有生存之望云云。

（新聞報）

□在廣濟醫院訪空中的英雄們

廿世紀的象徵為天空的征服，所以「誰快就誰勝利，」「無空防即無國防，」領空權的拱衛，係構成現代國家的必要條件。

敵機此次侵我領空，原想滿載而歸，不料給我英勇無匹的空軍，予以致命的痛擊。自詡為第一流的木更津航空隊，幾於全軍覆沒。給好大喜功的日本軍閥們一個活的教訓。我國無量數的生命財產，在我空軍奮力挫敵的偉績下賴以保全，我們對於衛國保民的空中英雄們，令人不勝欽佩感紉！

一個秋陽倘厲的午後，蘊着一股興奮的胸懷，到廣濟醫院裏去訪問為國負創的空中健兒。醫院在平時給我的印象，常是陰森沉悶的，可是這一次則例外，激昂壯烈的空氣，加緊了我前進的步伐。

空戰受傷的壯士，魁梧奇偉的劉維權君，傷中要害，不幸於十九夜十時卅分鐘殉國了！在他固求仁得仁，雖死無憾；然將敵人兇燄未滅的今日，將星遽隕確為一椿無可取償的損失！他籍隸河北，自南開高中卒業後，卽考入航校，為該校第六期的畢業生，敵機轟炸南開之役，使劉君悲憤塡胸，與劉君同駕一機殺敵者為其同學張光蘊君，亦受有微傷，現住廣濟醫院醫治，據張君告記者，十四夜，我空軍派機一隊，至曹娥某處警衛，我與劉君同派在該隊服務，十五日上午七時，有敵機十一架經過該地，擬襲進杭州，為劉君首先發現，立卽與我登機升空迎戰，當時敵機與我機同時高飛入雲，至海甯上空，我機一架與敵機數架苦戰之結果，當有敵機二架被我機擊中。因我機飛行過速，劉君擂傷頭部，我亦略受微傷，被迫在海甯上空降落。劉君不幸已於十九日下午十時殉國，劉君待人接物，極為誠懇，性情豪爽，尤富愛國熱情云。張君追述劉君遺事至此，不勝神傷，記者以張君尙在負傷休養中不便久談，旋即告辭而出，劉君此次偉烈犧牲，使敵機未敢輕入杭州上空一步，厥功至偉。但因殺敵太切，致擁傷頭部，羣醫束手，竟致不起，歿時年僅二十四歲，惜哉！

榮膺此次禦敵空戰首功的是高志航君，六年來的國難家仇，使他不與倭寇共戴一天，他是遼寧人，現年卅歲，幼攻砲科於瀋陽東北炮兵學校，十八歲起卽改習航空，曾在法國專研航空兩年，他說對於航空特具興趣，顧「名」思義，他確是有大「志」於「航」空的，他曾娶一俄婦，生兩子，因國府限制空軍官佐與外籍女人結婚，乃賦仳離，旋與國人結合，現居南昌，他有六個兄弟，家庭狀況甚佳。他傷在右臂，槍彈業經醫生用手術取出，病勢已見大減輕，他說空軍人員應傚歐戰時以一機擊落敵機百架之德國紅武士律特豪奮，卽退一步，亦應做一個空軍烈士，他這種壯志豪情，眞令人敬佩不已。

以浙人而衞浙土的徐漢靈君，餘姚人，年二十三歲，父母均健在，業商，雁行有四，他先後肄業於上海聖芳濟及青年會中學，亦爲航校第六期畢業生。十五日之戰，彈中左肺，左手大姆指暨中指皆受創去一節，肺部之彈，已安然取出，神態明朗。他撫着創口說：「這是敵人給我的禮物，將來我當加倍送還他們。」態度堅決，溢於言表。當他十四夜在曹娥江畔發現敵機時，倉卒應戰，連保險傘保險帶都沒扣上，左手受傷後，不肯下降，仍連用右手迎戰，一直到敵機慘敗任務完成後。方從容賦歸。

錢國勳君係航校的飛行教官，頭部傷勢漸痊，約一週後可以出院，他生性沉毅，緘默寡言。惟對於最近杭州人民的紛紛搬家。尤其是利用公家汽車搬運私人物件的公務人員和市上商店的紛紛關門，認爲一樁奇恥大辱的事，希望短見的杭人幡然改圖，勿使這位呻吟於病榻的志士有所傷感！

此外尚有王廣英張光蘊曹鼎漢黃可寬四君，傷勢均甚輕微，不久就可出院繼續殺敵了。

最後，高志航君很莊重的說：「我國目前空軍的實力，雖可與敵人較一日之短長，然全面抗戰，曠日持久，必須多方補充，方克有濟。此事刻不容緩。」言訖即自動脫下其白金戒指一只，作爲國防獻金，並請報紙努力宣傳，籲請舉國同胞，踴躍解囊，用以購機救國，稍受輕傷的錢國勳曹鼎漢兩君，亦各立捐法幣十元，俾集腋成裘，充實國防。

爲國負傷的空中英雄們，其身雖在病榻，其心則無時不以國族爲念，捐戒助金，唯恐不及，一般愛財若命的人們，視此能不愧死？（辛報）

□我空軍戰士之最初殉國者

桑。模。

在每一個中國民衆的心理，或者以爲中國第一個爲國犧牲的空軍戰鬥員是任霱闓烈士，但是，不，在一二八的時候，我們已經有一位趙甫明烈士先着任烈士而光榮地犧牲了；玆特記其事：

民國二十一年二月二十六日的清晨，在杭州筧橋的上空，發現了一種特殊的音響，從東北方淅淅地響了起來。於是駐守在這裏的每一個巡邏的兵士，都抬起了頭對着天空凝視着；而在幾分鐘以後，他們就已很迅捷的就遠處的空際發現了大批的日本飛機。事情分明突然的嚴重了，他們馬上運用着報信的技能，拉迪的發出了幾個緊急的信號。在幾分鐘內，廣大的機場上便已聚集了不少我們的英勇的戰士。他們都是受過嚴格的訓練，而且早已準備跟日本帝國主義拚個你死我活的。現在時機到了，他們便各自爬進了飛機，向着天空中冲去。

飛來的敵機一共有十五架，——六架是載重二千餘磅的轟炸機。九架是最新法國式「巴爾力格」機。（這六架轟炸機的浮力是很高的，它幾乎能够停在空中不動；其強烈的轟炸力，是可以想見的了，）十五架敵機全是灰色，兩翼上則漆着日本底太陽國旗；機中帶了重量的炸彈，——他們自然是抱着絕大的野心而來的，滿想乘我們的不防，來炸燬我們這一個空軍根據地。可是，出乎他們意外地，飛機場的上空，已佈滿了中國的飛機了！同時，機槍也已迎頭射將出去。

機槍聲，飛機聲，瀰漫着整個的天空。杭市的民衆在睡夢中都聽到這一種刺激的音響。理智告訴他們，這是中國飛機在空中和敵機激戰了！但他們並不驚慌，反都仰起了頭，迫切地期待着中國空軍的勝利。

當時，因爲事情的緊急，我方祇有十架飛機迎戰；可是，戰鬥的力量，却也給予敵機以一種強力的威脅。在他們奮勇的衝擊之下，終於使敵機望風而逃了。

當飛機在激戰的時候，我方有四位忠勇的戰士，被敵機槍彈以射傷。這四位是：（一）石邦藩，被槍彈穿過左臂。（二）沈傑，頰下被槍彈擦傷。（三）趙甫明，被彈炸傷頸胸腹三處。（四）王天祥，虎口擦傷。這四位中，趙甫明的傷勢最重，他的頸胸腹三處，全被轟得血肉糊糊地不忍目睹；但是，熱血激使着他仍是不顧創痛地在空中與敵人力鬥，直到敵機逃去，我機降落後，才由同伴發現了他的傷勢，而同時他自己也才相當的感到了體力的不支；於是，馬上就上了救護車，很迅速的送到了城區新明路的廣濟醫院去。

在病榻上，他還興奮地說：「殺……追……我們要炸盡日本的飛機。」並且，他還焦急地不時詢問日機的情狀。肉體雖然已有了歸宿，然而，他的精神是不死的，他在抗日史上佔着悲壯的歷史。

傷處實在太重了，幾個醫生會診後，終覺得是竭盡人事。事實上，誠然已非醫藥所能挽救的了！

三月十八日的清晨，這位民族英雄趙甫明烈士，已因傷重無救而逝世了！不幸的消息，使全杭州市民莫不同聲下淚！當日，便有多數的市民，以及黨政當局的長官，聚集在廣濟醫院，對着黨國旗交覆下的趙烈士遺骸，致其誠摯的，哀悼的敬禮。

當局對於趙烈士的身後遺孤的處置，給予了一種優渥的撫卹。並在十九日下午，舉行了一個哀誠的追悼會，參加的全是黨政機關負責的長官：素車白馬，會場中淒寂的情狀，和官長們的沉痛演詞，使每個人都悲憤異常。靈柩便在會後移到四明會館暫厝。趙烈士的英魂底默綽，是永遠深刻在我們的腦海中的。

當時，受傷的四位戰士中間，以石邦藩爲最重，因爲他的左臂是給國際間禁用的達姆彈所穿過，所以在離肩膀四寸的地方，實行截斷了，總算保全了生命。其餘二位，則不久即出院。

石邦藩在航空界已有十餘年的歷史了，他是湖南乾城人，北平南苑航空學校畢業的；民國十四年在國民第三軍服務，民國十六年，曾充軍政部航空第二隊部，由於他的豐富底經驗，雖然祇有獨臂，但是他依然能够駕駛飛機，所以現在他還是在航空界服務着。

（辛報）

□記殉國之飛將軍戴廣進

○○○
俞振基

四年以前，當記者剛從中學走出來的時候，曾下過投考航空學校的決心，可惜後來因爲自己近視眼的程度過深，不得不打銷了壯志。但是，我很驕傲，因爲我有幾個同學都是學航空的，而戴廣進兄就是其中之一。

認識戴君是三年以前的事：

在光華大學的網球場上，我時常遇到一個高個子和另一個很矮小的廣東同學在打網球，那廣東同學常常給那個高個子打直落三，我就開始注意了這高個子。

後來，到一個同學的房間裏去玩，經那位同學的介紹後。才知道這個高個子就是全校聞名的戴廣進，是一個全能的運動家，網球足球和排球都代表過浙江省，在全國運動會裏曾出過風頭，此外對於田徑賽亦很擅長。

因爲時常到那個同學房裏去玩，我和戴君漸漸的混熟了。戴君原籍安徽，因爲在蘇州晏成讀過多年書，所以亦說得來幾句蘇白，但總脫不了皖腔，大家時常以這一點和他開玩笑。他研究的是經濟，然而對於政治却很注意，常常爲了政治問題，而和人家辯論得面紅耳赤。

有一天，我預備問他借一本筆記簿，一推進門就把我呆住了，他們一房間五個人每人都豎了身子，把頭頂在雨傘柄上打轉，口中數着：「十四，十五，十六……」

「你們在玩什麼玩意兒？」我驚問：

沒有回復。

「廿一，廿二，廿三……」繼續數下去。

「這樣轉，轉，有什麼意思，你們又不是無錫人，何必團團轉？」我有些生氣。

這時，老毛吃不消倒了下來，接着老徐小張都倒了下來，祇有廣進在繼續轉。再過一分鐘模樣才停止。

「到底，老戴最厲害，航空學校他一定可以攷進。」老徐氣吼吼漲紅臉說：

到這時，我才明白他們是在比賽，但是我是總弄不懂「轉」與航空的關係。便提出疑問：

「老戴，這樣轉到底和航空有什麼關係。」

他一面拭汗一面說：

「攷航空學校時有這樣一種試驗，試驗你在長時期旋轉後，神志是否依舊清醒。否則把一架值幾十萬的飛機交給你，你在轉三個五個轉後便失了知覺，把一隻飛機送了去，國家的犧牲太大了。我因為要投考航校，所以天天在練習，他們不相信，要和我比一比，到底輸給了我！」

自從這次以後，我才知道廣進有考航空學校的壯志。後來，果然從老徐那裏聽到他已考取航校的消息，而以後有一天，當我和他在走廊裏相遇時，我就取笑地說：

「老戴！你考取了航校，通知亦不通知我一聲，眞不够朋友；現在已經這樣神氣，將來橫渡太平洋回來，或者到東京去下了幾個鐵蛋回來，眼睛不知道要生在那裏了。」

他急忙辯道：

「那裏的話，我已經立定志向，從今天起，不抽香烟，把三千根頭髮薙得光光，好好的學他幾年，將來到東京去一次，出出鳥氣。」

忽忽的一個學期結束了，從下學期起，廣進便進了空校，而我們光華就少了一個運動健將，我個人亦少了一個知己朋友，每當中日風雲緊張的時候，我就想起一個高個兒，同時每當江大比賽時，一定有人提起「戴廣進」這三個字。

去年當中日關係緊張的時候，他寄來了一封信，內中有一段說：

「我們一隊，每一個都是年青力壯的漢子，長時期的訓練把我們練得像鋼鐵一樣的堅硬，火花一樣的活躍，只要一聲命令，我們在幾秒鐘之內，就可以把我們的鐵鳥飛騰起來。載滿了重量炸彈，幾小時之後在日本的天空上出現，轟！轟！轟！我們的炸彈在敵人的火藥庫，要塞，要港上開了燦爛的花朵。這玩意眞够味！」

七月七日的盧溝橋事變掀起了全民族抗日的怒潮，在北方，在南方，我們忠勇的將士把鮮紅的血染赤了北平與上海，我們的紅星將士接二接三的給予倭寇以嚴重的打擊，不但炸了敵艦，並且炸燬了敵軍的根據地，震碎了敵人的胆，炸破了敵人三星期把中國人趕出上海的迷夢。

每當我機乘月明星稀之夜來混暗襲敵艦，敵艦倉皇應戰，亂放高射炮的時候，我相信這裏面一定有我的朋友廣進在內，我就很驕傲的對一同看的人說：

「這許多紅星戰士裏面，有「我的朋友」在內。」

同時每當報章上發表了某地我機擊落敵機若干架時，我就相信廣進又建了功勳。

是昨天——中秋節——的夜裏，整個的大地都浸在銀光裏的時候，我們一羣愛聽國事的青年，正聚在一架收音機旁邊在收聽中央電台報告新聞，英文報告的時候，我們聽到：

「日機四十六架襲京，我機十六架起而應戰，結果擊落敵機四架，我機二架受傷。我空軍戰士黃居國載廣進殉難……」

「戴廣進不就是你天天提到的朋友嗎？」弟弟問，

「不會是他的，廣進很勇敢，決不會這樣就死的。」我的心別別地跳起來，臉上亦有些發熱，同時一個高個子的影子又在我腦海裏搖幌。

英語報告結束後，接着就是國語報告，同樣的是：「我空軍戰士黃居國，戴廣進兩君殉難。」這才把我剛才的疑竇打破！我心裏接着就好像有塊很重的石塊壓着，透不過氣來，同時眼腔裏亦漸漸溼了。

廣進的殉難是値得我們一哭的，他懷有這樣的志氣，賦有這樣的體格，又這樣的年青，竟這樣的殉難了，他轟炸東京的願望，沒有達到，就死難了，眞可惜！這責任，在我們後死者的身上！

（辛報）

□飛將軍李傳謀之殤

與梁鴻雲一道在滬殉難的飛行家，還有一個李傳謀，當時在各報上似乎只輕描淡寫的發表了一點關於他受傷的消息，以後就一直未提起了。

日昨記者偶然地在一個地方，碰見了李君的同鄉×君，他剛從湖南到上海來，知道李君的底細甚詳，現在將他所告訴記者的，關於李君的一切記在下面：「兩年以前，李君還在湖南師範讀書，在學校中，他是學生股的股長，研究會的主任，無論什麼事，他都願意幹，不僅如此，而且他還喜歡運動，鐵餅，標槍，賽跑，他都玩得好。

「李君的家裏共有兄弟五人，」長紹鄴，服務教育廳，李君居次，餘均幼小，六年即死去父親，現有五十歲的母親，七十歲的祖母，弟弟讀書的費用，以及家庭生活費，均賴長兄維持，大家在這種孤單無父的情形下，更覺得兄弟手足之間可親了，所以兄弟之間，時多互相勉勵之語，今年春天李君在杭州空校畢業了，曾經回到湖南去了一次，他們兄弟僅在一起團聚了數天，李君假期屆滿，就仍就離開家鄉了。當時李君曾對其長兄言過：「中日之戰，不久便要爆發，」我（李君自稱）已將生命交給家國，如有不幸，望家庭勿引為悲哀，蓋在此國事危急時，個人生命不足可惜也。

李君之兄，亦賢明愛國之士也，當時李君之兄曾經語彼，「……假使你一旦發生不幸，家庭一切都由我負責，你可放心作事，為國努力，」李君亦曾握着他哥哥的手說：「家裏的事既有吾兄負責，弟當盡個人之責殺敵，做一個馬革裹屍的壯士，」說完即握手而別！

誰知李君一別，竟與他的哥哥從此分手了。李君之殉難，是炸出雲艦那天，也駕着一架重轟炸機，飛過出雲艦的高空，因高射炮太密，李君之機，飛得甚低，投彈心切，不幸而受傷了，李君已盡其男兒報國之志，但我們這些手無寸鐵的弱者一想起來，還是覺得李君死得過早，令人不勝惋惜！×君言罷，已經兩眼帶淚了。

據×君云，李君生前最敬仰岳飛，以「還我河山」自矢，每次聽見日人凌我的消息，都得摩拳擦掌一番躍躍欲試，李君死前半月，曾有一信致其弟弟，上面寫着：「望弟妹緊步我後塵，作還我河山之最後努力！」（啓）

（救亡日報）

□空軍勇士黃文模之殤

得到空軍將士黃文模先生於七日上午殉國的噩耗，懷着惋惜和悲憤的心趕到第三救護病院去。

「這便是黃文模先生住的病房。」帶我去的顧君指着一座假三層的洋房對我說。順着他所指的地方看的——是二樓面着花園的房間，涼台，簾子，紗窗，籐椅，說明了這房間的整潔。

談到黃君的逝世，我們都仇恨着日本帝國主義的殘暴，我們默然地出了震旦的後門，越過馬斯南路，踏進廣慈醫院，心里總像壓着鉛塊一樣，永遠是默然地踏着沙子走着，過了一回，顧君從口袋里掏出了一本手冊，他翻了一頁給我看：

「航空救國——黃文模。」

「這是黃君給我題的字，因為那時他的體格還很弱，寫字時手有些擅抖——誰會想到這就是黃君最後的墨跡呢！」

格外的沈默，顧君介紹了主治醫師徐寶彝（主治醫師另一位是鄭安堃）相見，他先給我看一張七日那天做的關於黃君死的報告單：

「為證明事，空軍第×隊隊員黃文模作戰受傷在敝處治療經過，已詳××日報告，此後症狀日趨惡化，終於本月七日上午二時左右，腿部創口流血不止，急施救治並加輸血無如出血過多精神極度萎頓，卒於七日上午九時四十五分身死，特此證明。」

徐壽師說：「據黃文模先生自己報告，他八月十七日那天飛往北四川路底日海軍陸戰隊司令部上空去轟炸的，在敵機和高射炮上下夾攻下投了二彈，當他想突重圍飛逃時，他身後的戰鬥員已彈中要害死去了，他自己也於這時中了好幾彈，他忍痛降落在自己的陣地的後方，鄉人看見一架飛機落下，起初以為是日本的飛機，大家都奔上來要打他，他一點都不怪，覺得這是中國勞苦大衆覺醒的表現，他拿出證章來證明他是中國的空軍，鄉民們都高興得什麽似的。

「他中彈的地方是：右面大腿，膝部，踝關節部，左面大腿，所有的子彈經使用手術拔出後，創口里邊還有很多衣服等汚物貼着，開刀之後，有熱度，最高達四十度左右，創口流血一共有二次，第一次經過輸血等急救手術後，病體稍見恢復，不過，抵抗力還是很弱，第二次流血是七日上午二時，這次雖然運用了所有的手術，還是不見効，不幸延至九時四十五分逝世——這次黃君所受的彈傷，都含有相當的毒質，是不是敵人使用非法的毒彈，是需專家加以研究的。

據病院里人說，黃君安徽人，二十四歲。他有一個母親和一個弟弟，都住在××在替黃君看護女護士手册上，黃君寫着：

「這次受了傷，更使我火上加了油：受苦越多，痛恨越深。全愈之後，決與倭鬼拚命！」

女護士說他個性不喜說話，他時常地問：「我的傷是否要緊？」他們為了不使他難過，總回答說不要緊，所以他在死前並沒有說什麼。他的死，二位看護小姐難過流了兩天眼淚。

但是，烈士，你的責任已經盡了，你的祖國將有更多更多的後死者來保衛的！安眠吧！我們的國士！（莫思）（救亡日報）

□飛將軍黃廣慶及其慈母

希。

當與空軍黃廣慶奮勇驅敵受傷的消息傳到上海的時候，使我回憶起去年聖誕節的前夜，由朋友們的介紹使和這位黃君認識了。他們是自小相識的，通常叫他做「亞慶。」我也這樣稱呼他。他是中等身材，黑黑實實的一個十足廣東典型。他不喜多言，微笑便代表了他的一切，待人接物，和靄可親，在他從杭州回廣州道經上海的時候，便給了我認識他的機會，那天晚上，我們唱也唱完了，玩也玩倦了，不知誰發起了弈棋。在我們各人之中，沒有一個是他的對手，我第一盤雖然僥倖勝了，但已十分吃力。以後被他發現了弱點，掩制着我一籌莫展，他眞正是一個軍人本色——所謂「沈着應戰」——一心專注在棋盤上。旁邊玩甚麼，說甚麼都不能分散他的注意力。出奇制勝是他的特長，常常會給他弄得莫名其妙，就是瞧着他堅決的面孔罷；自信心之強，使我一望已輸了三分。

現在已經過了十個足月，全面抗戰已發動了，我們的空軍正在發展他們的威力，當報上截着敵機轟炸廣州了，我們彼此談論着：「亞慶現在出動了。他一定拚命來的，」隔了沒有幾天便得着他受傷的消息。

九月二十五日的香港華僑日報的新聞欄以最醒目的標題登着「訓子捨身衞國」幾個大字，關於他的紀載甚詳，因此感覺家庭教育之重要，我想這也是讀者所樂聞的。

黃君是廣東中山縣人，現年二十四歲。當他在香港英華書院讀書的時候，是一員體育健將，曾代表他的母校得到數次籃球錦標，他做事十分有毅力，因此他的長跑亦十分了不得。有一個這樣體格的「亞慶」考入空校的先決條件當然不成問題了。民國二十二年入廣東航空學校第七期甲班，於民國二十五年三月畢業轉入杭州中央航空學校，後又調回廣州。

當他十四歲時，父親便已去世；由他母親自己來養育這幾個孩子，他兄弟姊妹共九人，一姊一兄一弟已經去世，現僅存他自己和兩個姊姊一個弟弟兩個妹妹。

他的母親梁澤庭女士從事教育多年，愛護國家和篤信基督教，現任西南女子中學九龍分校的小學教員兼事務主任，最近因為病，尚在假期中。黃君自小便受良好的家庭教育，他不但很忠心於國家和基督教，而且十分孝順他的母親，當他入廣東空校時，每月僅得空校津貼五元，每逢假期返香港探望他的母親的時候，必買許多衣服和食物回家，畢業以後，所得的薪水，亦寄回給他的母親，而自己是很節儉的。

當這次華北事件發生，軍事緊張的時候，他曾回香港向他母親面陳一切。他母親勉勵他應該立身聖潔，忠誠為國。倘能如此，上帝必永遠保護他在前線殺敵了。他說他已經以身許國而且交託上帝，請母親不要爲他掛念，便回廣州候命。近日他的妹妹因聞空軍有預立遺囑準備犧牲殺敵之事，就寫信問她的哥哥曾否預立遺囑。他回信的壯烈眞使人油然起敬，他說：

「既然以身許國，已經置生死於度外，不須預立遺囑。但我深信上帝尚有許多時期需要我殺盡敵人我已下最大決心，將日本人一一殲滅，故敵人應預先立遺囑始可來向我侵略。」同時並勉勵他的妹妹努力讀書，孝敬母親，讀了這一段我國空軍的家書和日本空軍的一封信相比較，眞有天壤之別。

上月二十三日晨，敵機襲廣州時，他便駕了一架驅逐機奮勇殺敵，當他追擊敵機至虎門上空的時候，被敵機多架折回圍攻，他一直殺出重圍，返抵市區被逼降落在河南蒙聖里分局段內平民住宅的瓦面上，機身和屋脊只受了微小的損傷，他自己的背額手足亦受微傷。吳鐵城主席和余漢謀總司令亦皆親往醫院慰問，當他受傷了以後，他的家屬已經接着長途電話的報告。惟因他的母親尚在養病期中，未敢告訴她，但是她早已在報紙上看見她兒子受傷的消息，覺得她的兒子能忠勇爲國，是一件無上光榮而足快慰的事情。

每當黑夜，敵人的信號和高射炮亂放的時候，這個黑黑實實，十足一個廣東典型的影子浮動在我的腦海裏，在我心坎的深處，印着他堅決的面容，我希望他立刻復原；好像我們給他慰問的電報裏說：「珍重，繼續殺敵！」

不單是我們，我相信這句話也是我們全民衆對我們忠勇的戰士們所要說的一句話！

（辛報）

□威懾敵胆的空軍烈士閻海文的最後

——飛行帽中珍藏愛人小簡

——日文士木村毅深致敬佩

我空軍勇士閻海文壯烈殉國經過已誌各報，據九月一日大阪「毎日新聞」上海特派員木村毅（此人過去爲一文藝作者蕭伯訥來滬時，彼曾代表改造社來滬讀者諒知記憶及之，）通信對閻烈士備誌敬仰，而發「中國已非昔日之支那」之嘆，原文有云：「我將士本擬生擒，但對此壯烈之最後，不能不深表敬意而厚加葬殮……事後在伊所御飛行帽中，檢出珍重摺疊之紙片，內容爲鉛筆所書秀麗之女子手蹟，署名者爲南通州安東巷三號劉月蘭女士，于鵬程萬里，千犯百死，深入敵陣之時，對此紙片猶能襲什珍藏，則劉月蘭芳名之爲閻之愛友，殆無疑義，此少年空軍勇士之死，雖如苞蕾摧殘，遺香不久，然對此多情多恨，深情一往之心情，雖爲敵將，亦不能不令我全軍將士一掬同情之淚也。」云云。（救亡日報）

□青年空軍偵察員惲逸安爲國犧牲

青年空軍偵察員惲逸安，奉命加入晉省作戰，於十月十五日殉國，當時因電訊簡略，郵件延遲，無可知其詳情，日昨其兄惲逸羣得家屬自原籍來函，述及其殉國經過，特追誌如次，惲逸安烈士，江蘇武進人，民國二十二年冬，考入中央航空學校，二十四年夏畢業，歷在南京航空委員會，及杭州母校服務，嗣入南京航空委員會高級偵察班求深造，去年被選派入中央陸軍軍官訓練班陸空聯絡偵察班受訓，本年七月畢業，編入空軍第××隊，「八一三」滬戰發生，由××奉調入京，參與東戰場戰役，九月初又由京調××駐在平漢線及晉綏作戰，十月十五日在同蒲北線偵察，與大隊敵機相遇，創敵衝出，負傷南飛，至霍縣始力竭墮地，遺骸由當地當局棺殮後，已運至洛陽，烈士年僅二十有三，沉默寡言，好學不倦，居恒手不釋卷，絕無時下少年習氣，在未入軍官訓練班時，及訓練班畢業後，家人曾兩度促其結婚，烈士均以「匈奴未滅何以家為辭，」鄉黨戚友，均期其為成大器，而壯志未申，已為國殤，莫不痛惜，其尊人璇叔先生年逾六旬，聞此噩耗，雖以「有子如此家門之光」自慰慰人，但老淚縱橫，喪心實不勝其慟也，現家屬方面決以烈士所得恤金等，在常城創設一學校，以為永久紀念云。

□粵空軍勇士劉保生建功受傷

九月念一日敵機襲粵市，我空軍勇士劉保生，與敵五機激戰，將敵機一架擊落，着地焚燬，繼復擊傷敵機一架，餘三敵機拚命圍擊，劉飛行時機身中彈，以衆寡不敵，即跳落傘躍下，敵機睹狀，紛以機槍密集追擊，傘穿多孔，降落從化，鄉民誤以爲敵機師，紛持鋤頭撲擊，時適有汽車一輛經此，司機即停車往觀，見係我國戰將，即制止鄉人，親負登車，疾駛返市，送入醫院救治，檢得劉君僅中一彈，穿肺部而出，尚無大礙，劉係粵航空學校第六期畢業生，現年念四歲，粵中山人。

□中國空軍威力底一瞥

南京，是我們新中國的首都。它的輪廓，具有整齊的線條美，有古代宮殿式和現代立體式以及最精緻的羅馬式底建築物；更有一切大都會所應有的熱鬧與繁華，無疑的，我們的南京，它和金的紐約，花的巴黎，鐵的倫敦一樣底莊嚴，一樣底偉大，一樣底重要！

前天，是一個悶熱的秋之白晝，我翩然底從內地跨上了國都，那時正秋陽肆虐，柏油路被晒得軟軟的，發出一層油光來。當我的肉眼開始和首都接觸的時候，我知道，首都已粉飾着一層戰時的色調，玄武湖，非但沒有『湖匪』——在湖中獵豔者——的瘋狂，連賣划子的人都沒有了！一派沉寂，雖然湖裏的荷花還是那樣抖擻底挺立着！

夫子廟的歌聲是息滅了，畢竟被抗戰的喚呼，驚散了我們的鶯雉！

眞的「雞鳴寺」雞不鳴，「莫愁湖」湖更愁了！

曾經梅蘭芳博士登過台的大華戲院，門前釘起了一排木板，已變做了臨時避難所，這好像是非常時期的一個特寫鏡頭。此外如中正路旁的一個個地下室，也是戰時特有的點綴。

晚上，新街口，花牌樓一帶的熱鬧的市口霓虹燈當然不會放光了，其他地方更不必說，就是中國銀行屋頂上兩個明亮底幼燈，也罩上了藍布罩兒。

走上了建康路，另有一番風景線，在一家醫院的上空，飄揚着米字旗，我們知道，全面抗戰的空氣籠罩下，南京底情緒，是相當的緊張了！

當我在一片「家常便飯，隨意小吃」的飯館裏吃飯，驀地裏大喉嚨一聲狂叫，告訴我這是緊急警報於是堂倌走來，要我算賬，而且還要我立刻離開那裏，他認真的向我說：「在這個時期來南京，住旅館也得要有保人，尤其是在緊急警報的時候，誰家店舖都不能容留誰。」無奈，我祇得顫慄的走出飯館，那時馬路上沒有一個行人，戒備森嚴，木壳槍脫了壳，長槍上了刺刀，平端在每一個軍警的手裏；憲兵座着卡車，風馳電掣的來往巡邏，所有商店上了排門之外，還拉上了鐵門，飛機的聲音在響了，我彷彿是一頭徬徨的羔羊，剎那間，憲兵把我領上卡車，載到了一個新民戲院所改造的避難所，防空秩序之好，在內地是確少見的。

避難所裏的同胞已經很多了，這是出於我意外的事，有佩冠證章的機關要員，有教授，有低給的騾車夫，縫窮婦、大家在同一呼吸下，受着同樣的集體虛驚！

我擡頭一望，晴朗的天空，飛着的是我們底武裝的鐵鳥，在青雲裏上下翱翔，忠勇地保衛着我們的領土啊！偉大的中國「赫爾古列斯」啊！（註：赫爾古列斯為希臘神話中的英

雄）

但是我們確信首都的防空網是很密的，所以雖然站在生死線上，還有着無限的興奮和無限的勇敢。實在的，首都的民衆，都受有相當的防空訓練，就是面對着這最兇暴最猙獰的現實，沒有絲毫恐惶之色。這不能不算是中國的進步。

大概經過半小時許的光景吧？一個「解除警報」跳進了我的耳鼓，於是我脫離了窒息的避難室。跑上馬路，還看到一羣驅逐了敵機，從容歸來的鐵鳥！

現在，雖然我已在一個夜裏從首都回到了內地。但是我們空軍的威力，在我的腦中，將經常底有着這個良好的信念。（華美）

□空軍人員的心理研究

李守東

關於航空方面的研究，素來以器械的研究認爲最重要，其次是注意於氣流及氣象，漸次及於其他種種。但是由於第一次世界大戰的經驗，我們知道，在航空方面，單單注目於器械和氣象方面是不够的，因爲在這裏，我們曾經遺忘了從事航空人員的胆識問題，而且這確是一個甚關重要的問題，尤其用於作戰方面。因之，從歐戰以後，對於航空人才之養成，首先就得嚴格地考驗其有無担當此種特殊作業的資格。

關於航空人員的資格，其適宜與否？應從身體以及精神的兩方面去考驗。其中身體的研究是屬於醫學的，精神的研究是屬於心理學的。從歐戰以來，由於醫學上及心理學上的不斷的努力，發明了不少有助於現代航空事業，尤其是空戰方面的許多學問，最初從事於這一項問題的研究者，應首推法國，他們曾發明了很精密的器械，幫助了對於身體的以及心理的方面之檢驗。其次是意大利，他們對於航空方面的研究是最努力的了。有名的摩蘇氏從生理的與心理的兩方面來從事於疲勞的研究，而且即以這一研究爲中心而發明了特務的研究用的器械。美國更大規模地在從事於這一方面的研究，她們在加利福尼亞等處設立了若干練習所，由政府任命了多數心理學者參加到軍隊方面去，作實際的試驗與研究。

在日本，對於航空者的資格方面，也步武着歐美的後塵，不斷地在從事着醫學上的以及心理的研究，不但這樣，日本還把這一試驗引用到陸海軍方面。所以，日本海陸軍對於精神上的資格，也有着嚴格的規定。日本在帝國大學內，附設着『航空研究所，』而以越中島爲其本部，然而設備卻並不完備；對於實際的研究，還不能脫離心理教室而獨立。

關於這一方面研究究竟是怎樣的呢？第一是關於知覺方面的研究；就是位置的研究。在這一研究中，試驗從事航空者不藉目力而僅就身體上的感覺以辨察位置的試驗。因爲在升空的時候，在位置的感覺上就不能夠僅恃目力了。太空和平地是不一樣的，而且飛機不斷地在變化着；尤其是雲霧中和晴朗的天空不同，所以對於位置的辨認，在升空以後是應以身體的感覺爲主的。凡是目以外的器官，對於位置的感覺愈銳敏，即是從事航空上最有用的人才。而對於這一方面的研究，就得借重於心理學上的研究了。

有許多人，即升到稍高處時，就目眩頭暈，失掉了意識了。好比有人升到千乃至千五百呎時，意識就開始漸次消失了，這是不可不預爲檢定的。還有目力，在航空上更是非常重要的，尤其是上空與平地不同、到升空以後，對於遠近的調節，不若平地上那麼自由，所以到高空處還能保持其對於印象的巧妙的判斷。實在也是航空者的重要資格之一。

其次是對於溫度變化的抵抗力。當我們升入高空以後，空氣非常冷峭，這一種冷峭的空氣，往往會傳到中樞神經後而使神經的感覺遲鈍，並發生催眠性。所以對於溫度變化之抵抗力，是很必要的。還有上空的烈風，也得要有相當的抵抗力。

關於這一種試驗。大體心理學實驗室內造一雛形，這以模擬天空中的種種狀態。從事於航空的人，就得在一種雛形中加以試驗和訓練。

凡是人類的智慧的活動，筋肉的運動，和空氣的稀薄與濃厚都有着甚大關係的。上層空氣中氧素稀薄，缺乏了對智慧活動的適當營養，運動就受其影響了，所以在實驗室內，有着加減氧素的裝置，以試驗並訓練航空人員對氧素飢餓的能耐。

然而，以上諸種，雖則都是航空人員的基本條件，但是其最關重要者，尤其是作戰時航空人員最關重要的條件，是對於恐怖心理的克服。

恐怖感情之起見由於內分泌作用，初時是身體的變化，因而血液循環及呼吸起了變化、隨之精神上也就逐漸隨着變化了，理智就因而混沛了。恐怖的感情普通是由於高空的疾風，大的音響祇要一引起恐怖心理，身體的及精神的活動就將發生極大的惡果。關於這一種心理狀態，雖則是可以訓練和檢驗的，然而究竟還缺不掉實際的環境。

即以這一次中日的戰爭來說罷。中國的空軍，一開始就發揮他偉大的威力，空軍人員的技術，竟超乎任何人的預料之外，中外人士一致讚舌不止。難道中國的空軍都是神人麼，不是的，這就是在心理上超越了任何戰鬥人員的堅強意志。因爲我們這一次抗戰是爲着正義，爲着世界的和平，爲着保衛文化，我們的抗戰是光榮的。尤其是每一個中國人都有着戰死爲榮的決心，每一個中國人就是一顆肉彈。我們是不怕死的，我們惟有抗戰才能生存。然而日本人恰巧相反，他們是侵略者，他們是軍閥驅迫下的盲目者，他們不但蒙着侵略者的恥辱，而且實際上促進了他們的自殺。他們是被迫的，他們是懦怯的。因之，我們在俘獲的日本空軍身上，發現了所謂神佑符，難道在二十世紀的世界，我們還能够任迷信之下生存麼？這不過是充分暴露其懦怯，對於戰爭的恐怖罷了！

中國擊落了幾十架日機，而中國空軍則始終發揮着他的大無畏的威力，中國的空軍人員始終是勇敢的，機警的，他表現了空戰中從未前見的精神。這是一個事實，這事實正證明了中國人的無比的勇氣！

這一種心理，不但在空軍方面這樣，在海陸軍方面完全是同樣的，甚至在後方工作者方面也是同樣的。中國就是籍着這一點勇氣，構成了一整個肉的長城，這長城高高不是僅恃船堅炮利的，僅恃神佑符的懦怯的日本人所可以衝破的。

不過，在抗戰的期間，我們對於身體的以及心理的訓練是每個人不可忽略的。因爲這是一個長期的抗戰，我們每個人都應有補充到戰線上去的準備，所以我們應該經常地來訓練我們自己。關於航空能力方面，我們可以利用時常登越高山來訓練的。然而一切心理上、身體上的缺點，還以克服恐怖為第一。

就以勇氣這一點說，我們就可以無疑地堅信勝利是必然地屬於我們的。（大美晚報）

外籍軍事專家對我空軍的頌讚

中國空軍於九月九日晨一時，及○時七分，及八日晚六時四十一分，又三次夜襲敵陸海軍虹口，楊樹浦，吳淞一帶日軍根據地，此次夜襲，為滬戰以來第十一次。中國空軍鬥士在日海陸軍陣地，砲火密集下，仍翱翔如意，來去自然，其神技誠有足道者，據今晨觀戰之外國軍事專家向記者追述此次華軍襲擊敵方之戰況如下，

余（某外軍事家）係研究空軍戰鬥術者，故處此危險時期，仍不時參觀中日空軍戰術，綜觀歷次中日空軍搏鬥，中國空軍戰士，其技術較日方確高超數倍，蓋華軍在精神上振奮，而技巧更純熟也，際今晨一時華軍擊日艦時，日艦以處此天未明曉前，甚感恐慌，於是紛紛移動，有不知所措之感，迨中國空軍投彈之際，日方必以探海燈，照明彈，高射砲，迫擊砲，一齊向天空亂放亂射，蓋既不知飛機有多少架，又未悉高度如何也，祇得無的放矢，而際斯時會，飛機倏又不見，迨砲聲稍稀，則行兔起鶻落，突又投彈，使日艦一無所獲，無法應付，如是者數十回合，始安然離去，今晨○時十七分，九日晚六時四十一分等三次，均因地因時，隨機變化，其戰鬥力實駕歐美諸國空軍之上，當轟炸日艦時曾擲中

日最大砲艦一艘，受傷頗重云。

□敵空軍俘虜訪問記

佛。舟。

讀者還不會忘記吧，前幾天我們在蕭山附近擊落日本重轟炸機一架，裏面四個飛行員逃脫，經我們地方政府的搜索，結果於昨天將這四個敵人俘獲，送到南京來。這四個人中，除掉兩人身上受點傷送院醫治外，其餘二人受我方優渥招待。其中一個年紀很青的叫松浦久夫，我得便與他談話，寫了這一篇訪問記。

松浦久夫是一個十足日本型的人，矮矮的身材長的十分結實，他到招待室的時候，只穿一身白色的粗棉布上下衣，赤着一雙横闊短硬的脚，粗短的手指，一點小小的東洋式髭子，無論誰看見都能斷定他是個日本人。

我們請他到我們的仕屋。當他行經一面穿衣鏡的時候，他站住了，對着鏡子仔細地看看他自己的面孔，用他粗短的手掌摸摸頭髮，彷彿是很奇怪，爲什麼會到這個環境中來呢？也許他還以爲這是一場惡夢！

我們給他一枝「白金龍，」他玩弄着，吸着， 點頭表示謝意。於是我們開始和他談話。

『好幾天沒有抽烟吧？』

『唔！謝謝！』

『請問你貴姓？』

『松浦久夫。』

『年紀多少了？』我們繼續問下去。

『廿四歲。』可是我們從他的相貌看來，他彷彿已經是三十多歲了。

『你是那裏的人？』

『福島人』——四國的福島。

『你在日本什麼學校畢業的？』

『是俘門工業學校畢業的。』

『啊！那麼你是駕駛員麼？』

『我是二等偵察軍曹。』

我們大家相對靜默了一會。在我們的房裏，有一包剛從他所乘的飛機上取下的戰利品——飛行衣，飛行帽，護身符，壞了的機關槍和一顆歪了的子彈。他注視着他的『戰具，』當然腦裏有無限的感觸：前幾天正是他機上的武器，而今天竟是我們的陳列品了！

我們不願多談使一個『人』傷心的話，於是轉過談鋒。

『對於這次的事變，你有什麼感想呢？』我問。

『我們政府對我們說，凡是我們日本人在貴國的都被殺害。』

我向他解釋：『這事，我想你當然知道是不確的，前次貴國藏本副領事的「被逼自殺，」此次貴國在滬水兵宮琦的失蹤，我國政府代爲尋獲，並有極周密的照料；從藏本和宮琦的自白上，卽可以說明一切。但是，你自己的觀感怎樣呢？」

他說：『這次落在貴國，你們的人民送給我食物，送給我棉衣、毫無仇視之意，這種好意眞令我驚異，同時也令我感激無已：本來我們被俘，只望一死而已。」

『沒有的事！』我們馬上接着說，『我們素主仁愛和平，不說失了戰鬥力的你，我們將好好的招待，就是對貴國的民衆，我們也從未有敵對的心理。」

『是的，我現在眞的深信貴國和平之至，不過我們也沒有法子，我們是奉命而來的。可是，除掉命令中所圈定的目標，我們也斷不亂擲炸彈以傷人民。」

『對於你的失事，你有什麼感想呢？』我再問。

『原先只預備一死，倒想不到你們如此款待，聽說我們日本打算把貴國的僑民護送回國，我希望這是眞的才好。」

我們給他一杯茶和一枝香烟，他連說『謝謝』不已。我們告訴他已經派人替他去買幾套衣裳，等一會他就可以洗澡換衣裳了。他看看自己的身體，笑了一笑，又連說『謝謝。』因爲日本人的脚形和我們不同，我們恐怕不易找到適合的皮鞋，於是我問他歡喜穿皮鞋還是喜歡穿拖鞋。他說：『呵！謝謝！謝謝！什麼都可以，什麼都可以。』

至此，他問：『假如你們允許的話，我想寫一封信回家，報告我的平安和受款待。』

我們回答說：『當然可以』

他又說：『如果可以的話，我的女人給我的一塊布（按卽所謂「千女縫，」是日本一種迷信的保護物；）希望送還給我，不可以也就算了。』

談話至此，天色已暗，而且不願使他太疲勞，於是我們結束了訪問，送他回招待室休息。

附錄

國民政府任命空軍將校

國民政府八月十八日命令：（一）黃光銳任爲空軍少將，林福元、林偉成等二員，任爲空軍上校，此令。（二）行政院院長蔣中正呈，玆任命譚壽、張子璇、陳友勝、吳建文、陶佐德、謝莽、蔣其炎、郭漢庭、馬庭槐、敖源清、何涇渭、胡祖慶、蔣孝棋、甯明堦、曾澤棠等十五員，爲空軍中校。劉錦濤、林佐、薛輯[illegible]、李可斌、譚仲崇、梁慶銓、徐光甫、黃溢品、周炳明、陳秉衡、黃普倫、盧譽衡，容章炳、鄧伯強、陳晉、吳金龍、楊一白、周蓮如等十八員爲空軍少校。潘福基、周一塵、劉沛然、梁達文、袁宗祺、鄧沃權、鄭梓湘、李一飛、陳兆機、陳其光、李仲唐等十一員，爲空軍上尉。張桂祥、張國安、王柏如、謝志成、吳金福、楊振華、王幹、李森芹、鄧心正、何冠雄、顧彭年、張君正、沈銘山、唐夏威、羅謙德、張吉輝、范少平、楊次蕃、陳順南、萬應芬、許佐材、關熙、梁季崇、彭漢榮、周駿、羅德馨，黃鴻楷、陳植高、梁偉如、劉敬光、羅樹敏、顏勁松、司徒顯、鄭清霖、廖兆瓊、陳化民、張明、梁國朋、龍榮萱、劉煥、胡潤樞、譚笑巖、黃泮揚、馬伯周、鄺煥堂、黃新瑞、吳國樑、黃光波、胡遂、譚伯勤、關燕蓀、周飛熊、谷章灝，余一光、張森、蘇植藩、薛炳坤，馬徐進、方景山、陳石龍、溫金武、王泗芳、陸允熙、陳瑞鈿、蘇英祥、黃瑞穩等六十六員爲空軍中尉●曾邦杜、潘國琰、張岱山、鄧政熙、劉蘭清、馬國廉、許昭明、黃朝成、杜慶綱、傅福鈺、黃榮想、陳錫齡、黃錫豪、黎廷宣、蔡飛凌、莊甲民、韓平元、楊永祿、容廣成、黃元壽、古恢、李卓盛、聶盛友、胡秉文、廖德壽、楊華卓、馮文傑、黃廣勳、孔昭麟、黃進長、葉棣信、羅英晉、韋永發，汪漢淹、周靈虛、梁定苑、鍾一鳴、明忠義、李雲龍、麥煥球、區端章、陳民、陳策良、、鍾烈正、劉保生、符家興、劉華郁、馮兆青、韓春光、曹朝覺、譚國材、鄭中興、陳錫庭、鄧偉殷、周榮保、黃子沾、葉炳祺、吳奇、梁子裘、黃甕剛、黃旨芳、魏日聚、周成波、陳略、雷也來、張達遠、胡佐龍、林樹光、孔自立、謝超群、李繼唐、李華良、陳景棠、黃少霖、黃成章等七十五員，爲空軍少尉，應照准此令。（中央社）

口二十六年八九兩月份擊燬敵機統計

一　八月份

我空軍自應戰以來，奮勇交綏，殲滅敵機敵艦爲數極衆，擊落敵機達六十餘架，燬沉敵艦達十餘艘，玆將自八月十四日至八月三十一日各戰鬥員所擊落敵機與擊燬敵艦之統計、採誌如後：

敵空軍被我殲滅之飛機種類・地點・日期・及我空軍軍官姓名表

擊落敵機架數（八月十四日至三十日）

姓名	籍貫	重轟	輕落	驅逐	水機	合計	擊落敵機地點	日期
樂以琴	四川蘆山			一		五	筧橋附近擊落四架	十五日
							滬西擊落一架	廿一日
劉粹剛	遼寧昌圖	一		一	三	五	一架落滬西約廿華里	
							一架落滬西鐵路北十餘里	十六日
							一架沿江	二十日
							一架於上海	十七日
							一架於劉河口西	廿三日
董明德	遼寧海城	一	一			二	曹娥附近擊落一架向錢塘江滑下	十五日
							揚州擊毀一架落東台縣間	廿一日
梁添成	福建商安	二	二			四	在杭州附近擊落一架	十四日
							南京漂水間擊落二架	十五日
							筧橋附近擊落一架	十六日
陳盛馨	福建連江		二			二	在曹娥附近擊落二架落於機場南方後山	十五日

傅嘯宇	福建福州	一		一	二	句容附近擊落一架 上海擊落一架	十六日 十七日
楊慎賢			二		二	嘉興擊落兩架	十六日
李桂丹	遼寧新民		一		一	曹娥江擊落一架	十五日
毛瀛初	浙江奉化		一		一	杭州場東	十五日
楊夢青	河北天津		一		一	半山橋司間	十五日
王蔭華	河北清苑		一		一	航校半山間	十五日
黃光漢	浙江餘姚	一		一	二	南京溧水間擊 落南匯咀海面	十五日 三十日
王遠波	遼寧安東		一		一	翁家埠	十五日
鄭小愚	四川渠縣	二			二	錢塘江口一架 南京溧水間一架	十四日 十五日
吳鼎臣	江蘇漣水	一			一	南京溧水間	十五日

巴清正	吉林賓縣		一	一	筧橋附近	十五日
黃泮揚	廣東恩平	一		一	句容之西	十六日
黃泮揚 陳其光	廣東番禺	一		一	句容之北	十六日
秦家柱	湖北咸豐	一		一	落於南京東擂地焚燬	十五日
黃新瑞	廣東台山	一		一	落於南京東擂地焚燬	十五日
袁葆康	江蘇上海	一	一	二	揚州擊落一架落淮陰附近 擊中一機於上海目睹噴出白烟	廿一日 廿三日
宋恩標	河北天津	一		一	揚州擊落一架	廿一日
李桂丹 柳哲生 王文華	河北清苑		一	一	擊落於杭州	十五日
李桂丹 同友機 三架	河北清苑	一		一	擊落於杭州	十五日

王文華	河北大城	一	一	擊落於筧橋機場南	十六日
高志航	遼寧通化	一	一	擊落於半山附近	十四日
高志航 譚文等		一	一	擊落於半山附近焚燬	十五日
譚文	遼寧安國	一	一	喬司	十五日
苑金函	河北清苑	一	一	擊落於東南廿公里	十五日
譚文 苑金函		一	一	擊落於方山東南五公里	十五日
周庭芳	河南內黃	一	一	擊落於句容南京間	十五日
馬庭槐	廣東台山	一	一	擊落於鎮江縣屬華鄉山	十六日
劉依鈞	江西萍鄉	一	一	揚州擊中一架公里於六合儀徵間目見焚燬	廿一日
趙乃俊 徐漢靈	福建 浙江	一	一	落於曹娥江間山中	十五日

楊辛癸 魏同方	安徽 江蘇		一	一	曹娥機場附近	十五日
陳有維 黃居谷	湖南 廣東	一		一	落於大王寺附近	十五日
劉熾徽 岑澤鎏	廣東	一		一	落於溧水附近	十五日
呂其淳	河北 景縣	三		三	南京句容間 天長一高郵附近一	廿四日 廿七日
陳瑞鈿	廣東 台山	一		一	句容	十六日
鄧政熙	廣浦 高安		一	一	焚燬於上海江邊	廿三日
龔業悌	湖南	一		一	擊落廣德西北山中	十九日
敖居賢	遼寧 鳳城	一		一	聞落於廣德附近撞山毀碎	十九日
合計		二九二四五三六一				

附記：（一）敵機擊落後，屍身已由各地方政府埋葬，有案者計八十一具，按其機種推測，其死亡人數，尚應有五十六人。

（二）俘虜十一人，已解京者十人，被逃正在弋緝者十人，共計敵死亡人員當在一百五十餘名。

（三）此外被我擊傷者，或觸山，或沉海，預料當不在少數，（如九月六日據寧波防守司令王皞南轉據定海縣政府報告，有敵重轟炸機一架受傷後，沉沒於縣屬宮前島海岸，用竹竿可以撈看。

（四）據確報，台北敵海軍航空聯隊，有機六十餘架，自與我作戰後，僅存留十二架，餘皆被我殲滅，聯隊長海軍航空大佐石井義將，因無面目見人，割腹自戕。

二 九月份

九月份華方擊落日機四十八架，擊傷日機十六架，玆將日期及地點分誌如下：

日期	地點	擊落機數	擊傷機數
九月四日	上海	一架	
七日	太湖	二架	
八日	汕頭	二架	
十五日	定縣	一架	
十六日	上海	六架	
十七日	上海	一架	

十九日	首都	六架	
	廣德	二架	
二十日	首都	二架	
二十一日	廣州	四架	
二十二日	首都	四架	五架
	石家莊	二架	
	滋陽車站	一架	
九月二十二日	兗州	一架	
	廣州	一架	
二十三日	汕頭	一架	
	江陰	一架	
二十四日	葛店	一架	
二十五日	首都	三架	七架
	江陰	一架	
二十七日	青陽港		一架
	首都		一架
	廣東樂昌	一架	一架

二十八日	句容		一架
	王店	一架	
二十九日	廣州	二架	
	嘉興	一架	
合計		四十八架	十六架

八月份擊毀敵艦統計表

月日	地點	損毀情況
八月十四日	吳淞口外	炸敵艦旁十餘米處彈爆發敵艦搖動甚重
八月十九日	花鳥山附近	炸毀敵艦艦尾有沉沒可能
八月廿一日	泗焦山附近	彈落敵艦旁艦身搖動
八月廿四日	吳淞口外	炸沉敵艦一艘沒於吳淞口外另一艦艦尾着火
八月廿日夜	吳淞口外	擊中敵艦一彈先後被炸敵艦因傷擱淺者二隻拖走者一隻
八月廿八日	白龍港	擊中敵艦起火艙面人員立卽搶救
八月廿九日	泗礁附近	擊中敵運輸艦艦尾
九月一日	瀏河附近	命中敵艦彈藥庫見艦爆炸多時有沉沒可能（夜二時四十分轟炸）

附記，本表所列，係目見證明者，此外尚有在夜間離命中，以後不知下落者。

㈢二十六年九月份內敵空軍傷亡及被俘者

（已查明者一百十九名）

九月份敵海軍航空官兵在我境內傷亡及被俘者，業已調查竣事，總數約四百五十八以上，除已查明姓名者一百十九名外，餘因屍體被焚或沉入江海中者，則難考查，茲將查明之姓名及其隸屬職級，探誌如下：

大尉小隊長小谷雄二、一等航空軍曹太田武夫、二等航空軍曹鵜沼國治、一等航空軍曹木村彌一郎、一等航空兵小川勝三、一等整備軍曹黑川明、三等航空軍曹藤島伶稚、一等航空兵曾子正行、二等航空兵飯尾秀雄、三等航空兵斧田卯之助、一等航空兵間瀏國正、三等整備軍曹遠藤利秋、一等航空兵及川至、大尉小隊田中次郎、二等航空軍曹山口敏雄、三等航空軍曹佐藤剛、二等航空軍曹德富忠雄、平井春治、一空阿部正治、一等整備軍曹中村秀司、一等航空軍曹齊藤勝次郎、一等航空兵和田豐次、一等航空曹長道內永、三等航空軍曹關根實、二等航空軍曹水口和芳、一等機械兵木藤正男、鈴木靜助、川田勝次郎、莊司五郎、小松智廣、三井豐次、小川秀雄、田中寅吉、佐佐木市郎、中島金吾、嵩孝、宮次勝治、須藤三男、鈴木幸三、長峯未吉、維野俊夫、中西與四郎、金森義光、小沼房之助、蘇澤俊造、佐蘇忠司、依田二三男、水上正義、船越亮介、伊藤敏忠、二見靖雄、櫻井定一、田中正中、一等機械軍曹田中正一、航空曹長渡邊男、南波芳隆、富樫修司、大反保、波賀美賀、內田幸助、川口雄一、戶田賢太郎、鉢村利巳、岩下良之助、佐藤勝次東、小川清三郎、安藤仁藏、千葉三郎、大林三郎、古郡正二、冲谷與作、佐藤佐一、鳥羽田季雄、川田正太郎、大庭彌一郎、石島浩平、高橋晋平、岩田武雄、時任正祇、赤掘正一、森清麻、中島策郎、植村啓三、龜黑重、小原一壯、小野進司、長谷川清、以上均隸屬木更津航空隊。曹長飯尾義輝、隸鳳翔母艦。曹長桃崎意喜雄、坪井、横山、峯松、竹內康雄、太田輝夫、隸鹿屋航空隊。曹長河世知幸、隸加賀母艦。一空曹猿田、阿少上、隸大井海軍航空隊。一宮曹宮川，隸大村海軍航校七分隊。一空曹松田敏夫，隸加賀母艦。一空曹川勇，隸鹿屋航空隊。二等航空兵正恩地五郎，隸龜屋航空隊。（俘虜）三等兵正松浦久夫、（俘虜）岡本純一、（該俘在中央醫院治療尚未訊問）均隸屬加賀母艦。二等兵曹竹下良一，隸鹿屋航空隊。三等兵曹田中下令，隸加賀母艦。一等兵濱崎三郎，隸加賀母艦。二等兵曹高橋平治郎，隸龍驤母艦。一等兵曹成田山朝夫，隸佐世保航空隊。三等兵曹片山利人，隸佐伯航空隊。一等海軍航空兵伊東朝男，隸鹿屋航空隊。三等軍曹楠元武則，隸加賀航空母艦。三等軍曹岡本逸郎，隸鹿屋海軍航隊。海軍航空機械士小池近男、一等空兵住川祐光、二等空兵宮原辰雄、均隸鹿屋海軍航隊。（以上均係俘虜）陸軍航空大尉栗原，隸陸軍飛行第六聯隊。（八月三十一日被我擊斃於南口）陸軍航空兵少佐三輪，隸陸軍飛行五聯隊第一大隊長。（九月十九日擊落於太原後斃命）海軍大尉川口茂彥，隸大村海軍航空隊第七分隊長（死）海軍大尉岡島猛，隸大村海軍航空隊。（九月十九日擊落於鎮江高資後斃命）以上合計一一九人，內俘虜十五人，餘均死。外在逃者十八，正在緝捕中，查敵空軍人員。在我境內死傷者，約四百五十八以上，除已查明姓名者一一九名外，餘因屍體被焚或沉入江海中，致難考查。

空軍復興榮譽勳章授與條例

空軍復興榮譽勳章授與條例草案，於十月十九日經行政院會議通過，茲採誌如下：

第一條　空軍復興榮譽勳章之授與，依本條例行之。

第二條　空軍軍官佐士兵，於戰時捍禦外侮，保衛國家，在空中作戰，著有特殊戰功者，除依法律給予其他勳賞外，並得頒授空軍復興榮譽勳章，上項空軍復興榮譽勳章，於空軍高級部隊長官（大隊長以上，）在空中或地面指揮得力，因而著有戰功者，亦得授與之。

第三條　空軍復興榮譽勳章，分為三等，（一）一等空軍復興榮譽勛章，（二）二等空軍復興榮譽勛章，（三）三等空軍復興榮譽勛章。

第四條　具有左列各款之一者，授與一等空軍復興榮譽勳章，（一）於空戰時，連續擊落敵機九架以上者，（二）冒險飛入敵軍，炸毀敵人重要陣地要塞軍艦兵站交通線司令部等，使敵不堪使用者，（三）冒險飛入敵境，炸毀敵人航空根據地，或航空母艦，使敵軍蒙受重大損害者（四）冒險飛入敵境，炸毀敵之兵工廠，彈藥倉庫，及其他重要機構，使敵受重大損失者。

第五條　具有左列各款之一者，授與二等空軍復興榮譽勛章，（一）於空戰時連續擊落敵機六架以上者，（二）在陣地冒險低度飛行，掃射敵軍戰壕，或施放煙彈使敵潰敗者，（三）冒險飛入敵軍後方，掃射敵軍行軍縱列，或運輸縱列，使敵因而動搖或潰敗者。

第六條　具有左列各款之一者，授與三等空軍復興榮譽勛章，（一）於空戰時連續擊落敵機三架以上者，（二）於重要區域內，擊退敵人多數飛機，因免去重大損害，並有確實證明者，（三）冒險偵察，報告極確，賴以洞悉敵情，因獲勝利者。

第七條　空軍官佐士兵於空戰時，立有功績，爲前三條各款所未列舉，而確須頒給空軍復興榮譽勛章者，得比照前三條之規定行之。

第八條　外籍空軍之人投效我國於空戰時，著有前四條列舉之勛章者，定得授與各等空軍復興榮譽勛章。

第九條　已授較低級之空軍復興榮譽勛章，如續有功績時，得晉授較高之空軍復興榮譽勛章，但晉授後，應將前授之勛章，呈報主管機關轉報核銷。

第十條　空軍復興榮譽勛章及勛表均如附圖，其勛章均規定爲襟綬。

第十一條　關於空軍復興榮譽勛章之頒授，呈報儀式佩帶及其他一切事項，在本條例未經規定者，悉依陸海空軍勛賞條例，及其施行細則，暨限制辦法等之規定行之。

第十二條　本條例自公布日施行。

中國空軍光榮史
（全册實價二角八分）

編輯者 枚詰
發行者 民族文化社 新豐街鑄金局巷內
印刷者 啟文印刷局 售珠市五十六號
總經售處 重慶北新書局 電話一三一八
分銷處 遂寧北新書局 大北街
代售處 各大書局

中華民國二十七年一月五日付印
中華民國二十七年一月十五日初版

戰時小叢刊之一

飛將軍抗戰記

鄭振鐸等著

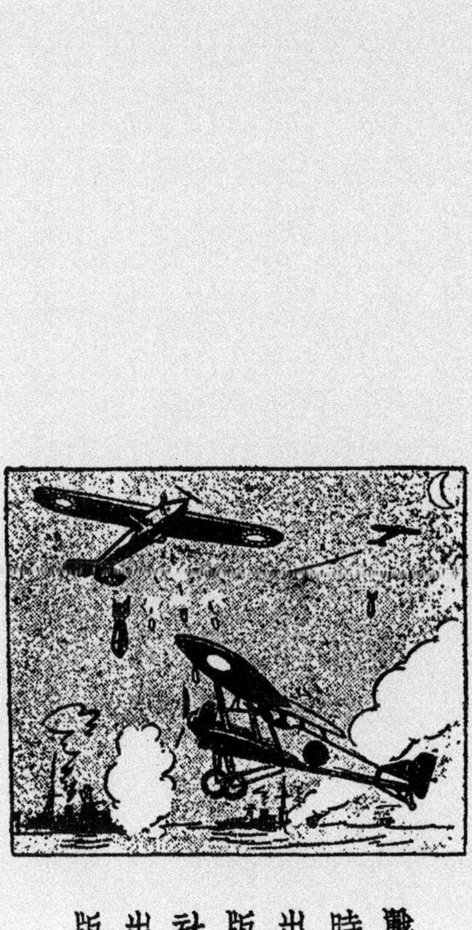

戰時出版社出版

抗戰小叢刊之一

飛將軍抗戰記

抗戰出版社出版

我怎樣轟炸出雲艦

次霽

花邊白影中的閑情

一束剪秋羅在迎我的而每當我不甚覺到疲倦的時候，這瓶放在我牀邊的美麗的花，便映到我眼上來。我也暫時感到疲乏了。於是這束花便成爲我安慰的對象。

我像做了一個甜蜜的夢，昨日在深不可測的高空活動，今日却落在這離地面不過一尺來高的牀上。要是不曾想起創傷的時候，我不覺失笑了。此刻，我的周圍完全是白色的；除藥物以外，從覆在我身體上的被縟到天花板給我一眼是純潔的印象，這種環境會使人發生高雅的感覺，又淸靜得使人寂寞；所謂和平似乎就在這里，我們想要呼吸到和平的空氣，也祗有這里的事實可以形容和平這種理想。

學園時代的風趣濃

可是我是活動慣了的人，對於這種靜止的白色反而不安起來。雖然天空中也是白色的，但那是流動的，奇異的透明底雲層。顯然地和我目前的情狀。意味是兩樣的。每當我的機身穿過那卷積雲的時候，分有次序的濃淡底雲層，像在剝果皮似的，被我的勇氣退在遼遠的後面，這樣我便感到一種神秘的愉快。我之所以歡喜駕駛飛機，也就因爲由於我這種性情和幻想養成功的，不妨說，正是這麼關

— 1

係，而決定了我現在的身分。

我的學習航空，從開始到如今，年代該是和航空教育同樣長短的，這就是說中國一有航空學校，便有了我這個學徒。但我自踏出校門後，生活並沒有多大變化，不過駕駛飛機比較讀講義的機會多了。到這期間，我可以把大部份時間，放在駕駛上面，除自由地稍涉及理論外，給我却學了不少的花樣——各種特別的飛行技術運動，如基本的：Atail Spin Zoem, Side, 以及 Nose dive 等運動，我可以隨自己的趣味換調飛行。雖然，偶有時候，機上附加了各種武器，作爲作戰的姿勢出現，但這只能算爲一種難得的練習，而絕沒有機會使我有增多作戰的經驗。不過我總希望能有這種時機來到，每當時局緊張的日子，我就非常興奮的，我往往暗下去撫摩我常用的那隻飛機的駛盤，默祝它立刻昇騰起來，表現抑鬱在我胸口那種憤懣後面的能力。可是我的志願像傳染了寒熱病似的，隨着時局在昇退；祇想從實地作戰上得些經驗，以爲學校教育不足的補助，結果仍是失望，還是一個飛行家實地的，騰雲駕霧的遊歷者，也許在地面上看見我們的朋友羨慕我有一表仙氣的逍遙，其實這正是我的苦悶！

時機到來之前一夜

終竟給我期待到了，這是兩週前的一個淸朗的早晨，我將要作第二回騰空的時候，我的左足正跨到踏板上，出乎意料的接到本隊傳告的準備出戰底密令。在這一忽間，我感動得眼邊滴出淚水來了，有如困龍越出了泥沼，我像是已經昇飛了，而不知道身體離開了機身。這時，該不祇我一個人有這樣興奮，我敢承認，凡是我的伙伴都有這樣情形。

我是屬於最老的一隊，因爲歷史的關係，所以被伙伴們稱爲阿米巴隊。但並非全隊是資格老的，却是在「一分隊」，這三個單位中有一個是新的伙伴。但在系統上，我們要算第×隊了。應該這些沒有多大關係，至少在作戰能力方面根本我們從未實際地「機對機」的搭當過，卽是我們長官，也不便定出誰強誰弱的成見來。

于是在這回戰爭發動的時候，首先便被派到我們這阿米巴隊上來了。這好像一種傳統的成規，卽是不可免的表示當「以老爲先」的厚意。自然，我們對於這種厚意是一致歡受的，那怕是自不量力，不幸的事穩定會落到頭上的，這都因了甘心的慫恿，似乎無暇顧及了。

領空上的處女戰爭

在我們起飛的時候，錶針正指着十點三十五分，當我在扳發動機之前，仰首看見頂上一片飛快的積層雲走過，轉眼我的同隊的一個結實底伙伴先我升騰了，不覺起了競賽的心理，我深深地吸了一口氣，似很能清醒人，想是機底的那些豐潤的草原的隱味；不過我稍旋動手裏的駛盤，那在遙望中的無邊底綠野便失在我老遠的背後了。

我所用的機，是一架陸上偵察機；此次我出使的任務是偵察敵方兵艦分佈的地位。平時，聞說日本軍在這方面的射擊力是很可忌慮的，爲防衛萬一起見，也便帶了一顆輕炸彈。我想，卽是不遇到被射擊的場合，我亦當留給他們一個禮物，無疑的這種觀念是不正確的，除非敵人疏忽了。事實上決不會，果然給我的好意所蒙蔽了，當我的機身距水面還不到七百尺的時候，就像急不過來似的由艦裏對我這邊射出八九發強烈的鋼砲。雖然這是我初回的際遇，但我心裏並不慌張，不過比較機警一點，而仍然在黃浦江上飛行，那知道泊在江中敵方的艦，全都響應起來，立刻把靜靜江面弄得烏烟瘴氣，可是我還不就走，在目的未瞭然以前，偏要降低些，近一隻艦頂僅有五六尺，等不到他們開砲，我已經轉了方向，只來一個倒衝，再掠過一隻可以看明敵人鼻目的巡開艦，然後我才高速的攢升。可惜那兩隻經我訪問的戰艦所發出兩響回敬我的砲，卻意外的落空了，反而在匆忙中給我投下一顆輕炸彈。當時不知道投中無有，那我已經升到一千尺以上的天空了，這是幾百年來被屈辱的中國第一次底吼聲！我脫去那炸彈的一刻，我只覺到這是我自出母胎以來，從未有過的快感，當彈落機身減輕之際，似乎就是我的責任也減輕了許多。

這樣以後，機身便似受了我暢快的心境的感應，於是在萬重的雲間飄逸起來，非常得意，在我穿着濃雲的時候，就像小孩子和家貓嬉戲，常作急轉灣，回避它，或作翻內圈的動作，給它一個逗笑的包圍，當我從高空投向機場的一段歷程中，突然感到一陣寒流經我的身邊，同時機身微感不安，待我進休息室的時候，從窗內看出，天空泛起了數點的雨雲來，而且那可親的蔚藍的天色也便被掩蝕了。

4

在我還未進完午餐，就接得緊急命令，我卽半席離去，我趕忙穿好航行服，登上那架給我們預備好的單發機的轟炸機，早有兩人進去。我們各別的行了一次注目禮，接着一個隱然的微笑，當我們赴戰之前，這樣確可以團結我們的心。

這囘，我們熱絡得多，同行的共有一大隊，內中除和我們同樣性質的七架機，此外一架是雙發機轟炸機，一架是高速度轟炸機。我們夾雜起來，三架一列的有程序的成爲三排，我這一架的位次正在第三列第二排中，當騰空一千五百尺的時候，我們還是結隊而飛。待到將要降落之際，首先那架高速度轟炸機離隊了，接着我背後的一架和左邊的一架又離隊；當在我們橫過距防衞司令部25KM的地帶，我們便受指揮的命令分散開了，方我們這架機折向東去的一刻，則可以隱約的聽到轟炸的聲音，想必這就是先我們到的高速度轟炸機的成績。自第一次轟炸響了以後，却便連續接下去，這時全隊在動員了，我們在偶然間會到那架雙發轟炸機，這囘可響啦，想是投下三百公斤TNT的地雷炸彈，其爆力眞是振天動地。

我們這一架就趁這個機會接連投了兩顆彈下去，該是敵艦，這對突然來的襲擊確起惶恐，亂發高射砲，不知是技術不高明，還是因過分慌張，總打不中我們。有一彈本來可以擊中我們的踏棒的那就完了，可是並沒有，却穿柱翼間過去，這不過是我們側滑一下的關係，竟給我們脫了險境。

轟炸和射擊交錯的猛鬥之中，我們又向一隻近泊岸邊的巨型兵艦投彈，這就是今天必須以強頑的鬥力解決了敵方的司令艦——出雲號。我們預備擊中它的要害，便低低地滑飛下去，再向它投落一彈，同時則用機關鎗掃射。可是結果，我們之機關負了傷，機翼被破壞了一部份，正在我們抽身脫險的時候，由激浪中瞥見我們另一架機受了重傷，幾乎要跌落江裏；但勇敢的伙伴還掙扎着，畢竟突破了重圍，我們這兩架同患難的單發動機相偕的飛出市區以外。

這民族解放底肥料

出乎我們意料之外的，正在我避開一支襲來的空氣的大壓力，預備側滾的一刹間；忽傳來一聲沉着呻吟；當下，我還以爲是機翼漏發出來的顫音，那知道原來是我們的伙伴因受重創過度，臨終的慘語！可惜我沒有留意到，只見他的血染滿了一身，大概是給兇暴的砲全部炸裂了，我覺察他的胸口還在跳動，爲了存心救回這個垂死的伙伴，同時想可能的保持他的體溫，便向低飛行，放足已不能再放回的四百五十四馬力。雖然這時我的左手也被擊傷，感到痛楚和困難，但還勉強支持，每在我用力挨那駛盤的時候，血便沿着腕臂流，要是比起那重傷的伙伴，我這點却不算什麼了。我囑他一個伙伴留意他，他很傷心的告訴我，說連衣服都掩不住他淌着的血。我回頭看他的血像突泉似的在噴流，再受機身的振動血已經溼透了他的坐位，且直向大地上滴。這是我們貧弱的民族的肥料啊！他在等候他的血流完，現在面色已是慘白，眼眶也深陷了進去，可是他的眼睛却很鎮定的，不時還對我們浮出

6

超然的笑，這是偉大的戰士底精神。

「朋友，請忍耐，祇有三分鐘，你就可以進醫院了。」

我想不出更好的話，因一時間的感情湧上喉邊，便這樣安慰他。

「不要緊，你們顧自己的事。」

說完，他便把創傷最大的頭部埋向衣袖間，似有意遮避這引人着目的地方，不讓我們分心他。

於是我的眼邊潤濕了，正在艱苦的民族戰展開的時候，如果半途中失去我們這樣有力的戰鬥員，這損失實在太大了。我感到視覺遲鈍起來，現在前面是一團模糊。

「轟！」

又是敵人發來的高射砲，幸我發生急智，連避了幾響，祇見黑煙環蒙着機的邊緣。加以天陰，風又大，我們好像在黑暗中探摸，當我想到背後這可憐的伙伴時；我便勉強忘却自己那破的手，咬緊牙齒，鼓起殘餘的潛力找我們的歸宿地，閃霎我神彩的目光有如餓鷹在搜索食物的光景，向無限的，飄渺的空間，衝衝，衝出我們恐怖的死境。

正是要受傷了以後

傍晚時分，我想調節筋力，向棗色的小屋後方，沿着機場邊緣散步，足踏在柔軟的草上，精神很覺舒適，那我受創的手，已經過一次藥水的消洗，且紮好了綳帶，固然不免感到痛，但我沒有報告上峯，借此機會休息。我更要振作起來，我身上的血不能白流的，即使是一滴血，也不該背着敵人流。我邊走邊感，興奮，雖是血滲到綳布外間，殘陽的餘輝從草雜的雲片後面漏下來，映到遠方的山崗，這樣的美景，對於一個勞倦後的人，確是非常安慰的。大概走了一百五十米突遠，將要轉彎，却遙見西角有個人在招，我立刻我變了快步，向那被風飄動的白色底信號奔去。

我還未踏進辦公室，知道又要出發了。隊長眼睛似乎在注意我那受傷的手，却躊躇了一會，說：

「不便？那就不必出去。」

但我已會意到，我便掩飾去這「不必」的理由，故意伸出那隻受傷的手，而且近他的面，張開不自然的手掌活動給他看，實際我毫未失却作戰的能力。

「這不過彈片擦破一點兒皮膚，沒有關係。」

我說：表示願去出力。得隊長命令後我方知道我們一架機被敵方包圍襲擊，正在萬急中，於是，我便巡向停在東南角的那架單座戰鬥機奔去，這時勤務已加上了油，我打開機門，一躍而上，運用非常高的上升力飛行在狂風中，邁進直達八千尺高度，然後向着目的地插落，一剎眼，這幅強烈的鬥爭場面，便呈現在我機前不遠的地方：見二架敵機在追逐我們這架機，正是迫不得已間。但我並不茫然，上去救護，只據我途中決定的戰略，操向它側方飛行，想在他們注意力集中於我們那一架機上的時候，出其不意而痛擊之。於是我以神速的運行來一次翻外圈。

一段傳奇似的插話

正在這其間想是子彈已完，抖然的我們那一架機凌空升上，還是出於敵機意料的，當然，敵機不肯放鬆它的，卽二架敵機便同時而且同速率的斜升上去，恰好在我們那機出頭不遠的底下，敵機便作爲畫一個九十度三角尖向記點描去似的，連同我們那架機互撞了，立刻遭受很大的損壞，都飄搖的跌下去。誰知道我們那位智勇的伙伴早已乘飛行傘安全的降到地面，以一架已不能脫險的機陪葬兩架敵機和兩個飛行員，究竟是上算的。這是空戰的奇觀，要不是廁身於戰鬪中，決計看不到的。這種非常的戰術，是我們絕好的經驗中的教育；可惜到此刻我還沒有調查出是我們那個伙伴。

一場好詭祕的格鬥

話得說回來，看了這場惡戰已結束，當我起折回的念頭，不料遇到一架自己的機，默測它似很愴忙，待不到我們接近，不知幾時來了一架敵機，盤旋於我們機上，有似監視我們的行動。我們不約的立刻遠離，我一急轉彎，預備佔它的上風。說時慢那時快，他已經發動了機關槍，當然我不肯相讓，就用測衝，同時扳了聯動器(Geir)立卽子彈由螺旋槳旋扶圈間發出，也許我的雄心使我佔了攻勢。那知它伴逃，或對我什麼不利，我向四周警惕着，果然它向我投來一顆燒夷彈，幸我未追上去，得免機身燃燒。在我退一著後，我便緊隨着它，眼睛注視照準器(Sight)發出的子彈和我的行動一致的，結果迫得敵機走頭無路。在我偶一側眼間，望見我那戰友在和另外一架敵機抵抗，兩邊戰力均等。再自西北角，悄然地，飛來了兩架敵機，不一刻，却一在我左側上方，一在我後邊下方，高高低低，一共有五架飛機會合着。既到了這情形，我便暫時放棄那被我壓逐的敵機，轉向與新來的兩架週旋，因爲飛行不久的關係，顯然看出它們的強潑的活動，雖然現在已被敵機重重包圍，但我要生存，决定施出我未有的戰鬥術；萬一有什麼意外，我也得予對方一個大的損失。

於是，我便展開僅有的慧力，心地很沉着而且很機敏的，突向阻擊我最力的兩架敵機間側滾出來，乘便就將正和我伙伴在鬥逐的那架給逃跑的敵機，一次迫近的掃射；恐忙它的鬥力不強，已是疲倦，祇經我們一夾攻，就負創傷逸去了。但還有兩架，怎麼也不輕鬆，我合力對我射擊，一時便陷於混戰狀態中。約經過五分鐘的惡鬥，我的那個唯一的伙伴，因受重創飛走了。現在祇剩下我一個在應戰兩架頗強悍的敵機，已到這樣，我惟信賴自己的堅定的意志，和非常的毅力來對付險境。

10

生命寄在 Bead sight 上

我忍着一身重創傷的痛楚，目光注射那準星，即 Bead Sight，或是那被風狂吹着的風標，以爲剎時分減痛楚的對象。或上或下的敵機，彈子像是暴雨似的向我打來，我以自衞起見，用盡我行駛的技能來回避它們的轟襲。我感覺到全身已經潮濕，血腥味被寒流冲散開來。我欲暫脫這險境，我便佯作跌落；低了它們一格，向下連續的「旋飛」。但我的體力已不允許我這樣做，不到七八轉的旋飛，便不能再支持了，從高空直跌下來，我的意識也模糊了，至於無線電信，似已隔斷，失去它的性能，一切都完了！我忽發生這一轉念，「民族還未解放，責任上却不容我犧牲的。」一怎麼腦筋像被毒針刺激一樣，立即渾身的血液沸騰起來，還在不知不覺間機身却已攢昇。其實這時機身跌離黃浦江面只有三米了，稍一差池就可以完結這架飛機和我的生命。

在暴風雨的高空展開了我們一場毒辣的格鬥，到黃昏時候，我才結束這一天的活動。據說，我們駛的飛機幾時降落到機場上，不單我自己無從知道，連留在機場的人都未注意。待到發覺，還以為我是一具屍體。

感謝當在威力圈外

意想不到的，這具屍體此刻又已復活了；藉各方面的助力，要想感謝賜我的美意，惟有希望我的體力能早日的復原，再上戰線去！最低限度，要先把敵人絕跡，自由飛行我們領空的二百餘公里底威力圈以外。

我一刻也不會忘了我的職能和宿仇，這里還有一方窗子，既可以看到高朗的天景，又可以看到敵機的行動。由此，使我對它們更深的認識，而更加的渺視！

當我擱筆前，該感謝這隻負傷的手，歷七八小時為我記錄這段回憶，使留下我生活中最寶貴的一頁。再是，那縷縷的花香，由它滅除我病境中無限的寂寥。

（大公報）

奇偉的夜襲

景江

我永不能忘掉這壯美的偉觀：在一個月白風清之夜，我空軍作了一次英勇的夜襲

秋天空氣是那麼高爽，傍晚在少女的眼睛似的清遠的青天上，一輪淡白的月輪佔着，人們都知道，今宵將是一個皎潔的月夜，天還未黑，星就閃動他金色的眼睛，接着這輪明月，也舒出了他的光波。在中國對於顏色的分別中本自有「月白」的一種，月的顏色實在應該獨闢一種的因爲牠不是白，——比白多些微青和嫩黃，但也不能就說微青或嫩黃，因爲他還有光亮的銀色。

本來，無論秋月何等明淨，大上海的中心地的人，是不會感到的。因爲數不清的電燈，拚成了一道光，使明月完全失色。就是月光不爲所奪，人們也完全給五光十色的霓虹燈引去了。

滬戰開始，霓虹燈光一掃而空，就是電燈也只在幾個最高樓閣的小窗中亮着。我眞懷疑這明月是來報復幾十年來的仇恨哩！他似乎把所有的光波儘量的舒出。把世界完全浸在水晶瓶裏，忽然我的不可改的劣根性又發了『趁此砲火暫息的時候，且到屋頂看一回月再說』於是趿着鞋走上了屋頂。

全上海都像蒙上了一層玻璃紙，而在燈光下照着光明瑩徹。黃浦江像一甌牛奶，凝重而光潔。月很圓，星稀得很，除了很遠的天末，更沒有一絲雲彩

忽然，黃浦江的日本軍艦，發出一種奇怪的呼聲。幾天的經驗，使我知道這是我軍空襲時日方的警號。警號還沒有斷絕，空中就起了一陣宏大的機聲，我便抬頭看去。起初，是什麼也看不到，後來，窮盡了我目力，才看見先後五六架飛機，很快的從西南飛來。他們飛得很高，使人想起春天專愛在白雲上釘着丁字玩的燕子。但到租界的上空，最先一隻，忽然流星一樣的斜下；這完全像失去了駕駛人一樣的斜墜，但是我們立刻就知道這是擲彈的準備，因為當日本軍的高射砲發出了一團團濃烟時，牠又很快的飛了上去。高射炮又多了幾個，圍着牠打去。他就一直向南飛。

就在這高射砲開得最激烈時，上下盤旋的幾隻，忽然用了最高的速度，從高射砲的濃烟裏掠過去。接連的向虹口日軍陣地投下好幾枚炸彈，立刻濃烟就像夏天雷雨時黑雲似的翻了上來。

日軍的高射炮，爲這出奇的襲擊所震懾，他一時似乎很不方便對正方向；直到第一個砲彈開出後，濃烟已經成爲天然的烟幕；而我們的飛機，却再就原來地位，投擲了幾個炸彈，

黑烟迷漫了半天，最上最濃，中間稍淡，最下簡直是通紅的火燄了。東虹口是日軍的陣地，他們據險而守，取攻勢的我軍在前進上比較費力；現在這樣的轟燬，是非常有利於我們的進攻的。

烟越來越多，我們的飛機已經安全的飛回了。而日軍的高射砲，也靜止下來。

夜氣還是那麼清，月還是那麼明，這壯烈的一幕，已經在這秋夜中表現過了，英勇的空軍啊！青天是更好也沒有的大紙，你們用你們的武器與熱血，在這偉大的紙張上寫作絕世的偉作罷！這偉作，將

永不會泯滅，將永遠的光輝。

我們的空軍，是向東北方面去的。吳淞口外敵人的兵艦和援兵，是很多很多的停留在那裏；我想你們趁此明朗的秋之夜，是會去從事更偉大的著作罷！那末，上是青天，下是碧海，你們將更大的揮洒熱血！『蒼鷹劈大海』，我心醉着牠的雄姿，何況是你們呢，何況你們！

眞是大時代啊，你使我看到這壯美的偉觀！

（辛報）

我空軍炸敵目擊記

鄭振鐸

上午，我在法租界的西區辦公，聽見陸陸續續的砲彈的炸聲。

「這是高射砲！」一位同事說。

另一位同事剛從外面走進，歡容滿面的說：

「我空軍出動了！」

立刻，全辦公室裏的人都交流着喜意。

砲聲炸聲不斷的響着，如夏雷似的殷殷隆隆。

天色陰灰，浮雲一塊塊的在天空疾馳而過，風力至勁。

午飯時，流傳着種種的使我們興奮的話。

「敵人已退到蘇洲河南面來了。」

「敵人的軍艦已被我空軍炸沉一艘了！」

但後來知道敵人的出雲艦，那旗艦，被我空軍投彈，彈所及處，與那艦身相差不及百餘碼。

高射砲聲迫切地響着。

我空軍正在發揮他們的威力！

下午三時三十分左右，我在靜安寺上了公共汽車，預備由南京路外灘轉到大陸商場。

車過成都路，便已看見東邊的天空，迫切的響着高射砲的炸聲。砲烟一團團地在空卷滾着。

我空軍有三架在砲烟的上面飛過。

空中有機關槍的聲音。

一架敵人的水上轟炸機，明顯地可見到牠的兩翼滿掛着轟炸彈，在空中孤另另地飛着。

牠總在公共租界及法租界的中區盤旋着，飛得很低。

車到了愛多亞路外灘，不能再前去了。

我沿着外灘，向東走去。

滿路的人頭，都仰向天空。

高射砲聲迫切地彼此呼應着。

黃浦江面的天空，砲烟一團團地滾卷，看牠們一團團地從江面敵艦上及領事館的屋頂上升起。

「我空軍來了！」

眼見着我空軍四架在砲烟上面飛了過去，向東面去，向敵人的根據地而去。

羣衆在拍掌。

浮橋上，江邊，高廈的簷下，都站滿了人，頭都仰向天空。

說時遲那時快。掌聲未絕，我空軍已同時投下了四顆轟炸彈，直向江面上的敵艦投下。

像是小兒玩的紙箭似的，由空中投下，看牠們很小很小的幾個黑點，立刻便大了，立頃便落在江上。

整個地面都被震動。

高射砲迫切地在響着。

我空軍已向東去。

但再一看，江邊的浮橋已折斷，站在上面的人都已不知那裏去了。

羣衆潮湧似地由江邊向西進福州路、漢口路、〃江路而逃，

空的脚踏車棄了一地，——還有縛了箱子在車後的

我緩緩地也向西走，還想向西北轉入南京路，但已走不過去，北面的人也都潮湧似地向南逃。

回望着黃浦灘邊，已寂寂的沒有什麼人。

16

高射砲還在不斷地迫切的響着。
天空上，敵人的水上轟炸機還在低空盤旋着。
黃包車上，已有血淋淋的人躺着向西拖去——經過的不止一輛。
從福州路向南向西沿公館馬路走着，一部紅色的救火車飛馳而過。
但是我相信，無辜者的血，必不白流的！
「我空軍出動了！」

二十六年八月十四夜（早報）

空軍的處女戰

黃源

八月十四日，中國空軍在抗日的民族解放戰爭中第一次顯示了英勇的姿態，上海三百萬民衆懷着同樣的又驚又喜的心情，仰着頭，親眼看見了她的英勇的戰鬥的姿態。這驚喜將立即隨着捷報擴大到全中國，慰撫着四萬萬顆跳躍不已的心。

那天一早，我從砲聲中驚醒過來，聽着轟然的大砲聲，同時看着手表，差不多是每隔一二分鐘一砲，這使我興奮起來。外面下着狂風大雨。我起身後再也躭不住。披上雨衣上街去。這砲聲早已驚醒了上海每一個民衆，但我好像要把這消息特別帶去通知朋友似的。我在雨中跑，街上的人，東一堆西一堆在店門口看報。人們都露着興奮的臉，前幾天的疑慮的神色，早給砲聲轟走了。

人們都順着他的手指，仰着頭疑視着東方一大塊一大塊的沉重的雲。突然在灰白色的雲塊的間隙中發現了一架飛機在向南飛，接着是一大隊分散的向各處飛去，軋軋的聲音也聽見了。

跑了幾個地方，見了熟人，彼此都慰問似的說着：「打了啊！」

九點多鐘到四馬路看到報上說「今日日本將出動飛機助戰。我方已有準備。」人們都憂慮着。因為憑着過去的經驗，我們知道日本飛機飛來，我們只能聽其轟炸屠殺。

這時砲聲仍然連續不斷的響着。雨却停點了，風也小了，但天空中停滯着沉重的雲塊，我和幾個朋友登上了一座四層樓的屋頂，遙望響着砲聲的東北方，突然東邊起了一聲巨響，隨着騰起一陣黑烟，接着是連發的尖銳的砲聲。

「飛機！飛機！」前面屋頂上有人喊起來，手指着東方。

「這是中國飛機，那邊是黃浦江，炸東洋兵艦！」一個人喊着，他的喊聲中含着笑聲。

四周屋頂上的人，都隨着笑起來，喊着，拍着手，這喜悅是異常的。

「中國飛機第一次出動打東洋兵！」

「中國空軍萬歲！」馬路上的羣衆都狂呼起來。

每一個人都好像要飛躍起似來的高興着。

「中國飛機轟炸東洋兵艦啊！」又有人在馬路上喊起來。

於是我們從屋頂上下來趕到外灘去。外灘擠滿了人，大部分是從蘇州河北面在日本鎗尖下逃過來的貧苦的民衆，他們背着包袱肩着箱子，有的已坐在馬路邊或草地上，有的仍然在朝東跑。我們一路走一路看見人們在敍述着他們從各處逃出來的情形。一個巡捕的周圍圍着許多人，他指手劃脚的說：

「先看見一只飛機，後來又看見幾只飛得不高，繞着外白渡橋的那旁飛，我當是日本飛機，想不到啦，一二八的時候，日本飛機不是時常飛來示威突然日本兵艦上開砲了，一只飛機斜飛到浦東那面，一下由東邊朝日本兵艦劈下來，擲了二顆炸彈，震大的響，日本兵艦拚命放砲，但已飛去了，可惜差一點，不然那兵艦早就完了。」他說着又指指那停在日本領事館旁邊的出雲艦。

「你看了快樂麽。這兵艦是指揮日本兵艦打仗的，裏面坐着他們的司令官」

「當然快樂啦！我也是中國人啊！」他裂開了嘴笑起來。

中國空軍的第一次出動，驚震了敵人的胆，慰撫了我們四萬五千萬顆跳躍不已的心。

（吶喊）

重陽空戰記

慶安

竟夜的怒風把黝黑的陰霾掃個凈盡，顯現出明鏡樣的蔚藍色的天空。這天是重陽佳節，在久雨初晴後，天高氣爽萬里無雲。這實在滿足了他們——空軍戰士——的渴望。每個歡快而高興的面容立刻呈現出來，牠們在黎明時以極迅速時間就完畢了早餐，穿上飛行衣，趕往飛行場。他們雖在休息但他們的堅決的意志活躍的態度，毅勇的精神，却都充分表現着，有的笑着說：「今天舊歷重陽節，敵人會送禮來的。」話猶未了，敵機空襲警報果然便嗚嗚地拉起來，於是我們機場上螺旋槳的聲音嚮了。霎時間機聲透入雲霄，我們空軍陣容在天空的朝陽中擺布出來，像飛雁一行那麽馳往天邊，眼睛一轉便看不見了。

果然，他們遊獵到了蘇州至江陰一帶空際，發現敵機了。他們開足馬力追上去。敵機是雙座的水上偵察機，到了江陰上空，已是無法逃脫。我們空軍英雄，個個都似幾月未吃牛肉的餓老虎一般，見了這樣兩只肥牛，那肯輕易放過，便分左右翼兩面前進，把敵機夾在中間下空；飛到適當距離，便爭先向他左右衝殺。英雄們的機關鎗陸續掃射，敵機匆忙地接受不了，一架下趨向江面；我空軍英雄中的一位，便追了下去，把牠打下倒插入水中；另一架也受了傷，着火燃燒了，帶着一縷黑烟下墜大江。當我們的空軍英雄歡快地回來時，在他們起飛前桌上倒的開水還是溫的。因爲由警報開始到警報解除，只有半句鐘呢！

下午一時半，敵人大隊的飛機確來送禮了。警報傳出後半小時光景，我們空軍英雄的一部，在雲

20

霄上離地一萬公尺以上，迎上敵人的飛機。這次，敵人有九架轟炸機，六架驅逐機。敵轟炸機在驅逐機保護之下，向京中前進。我們幾位耐不住殺氣的空中英雄，迎至較近的當兒，便俯衝向敵人的轟炸機那邊殺去。敵驅逐機接了上來，雙方空中戰鬥由此展開，一會兒都衝散了。我們幾位戰士，便相互的追逐獵擊物。不幸得很，我將士曹芳鎮君處劣勢之下，受傷降落燕子磯江中，他光榮的戰死了，他的精神將與江水長流。高志航戰士把距離最近的敵機追擊至兩三百米突的距離，他才開始施放他準確的機關槍，大概子彈擊中敵人腹部，這時敵人還很快的拉機上升翻圈，也許敵人就在上升的時候死了，因爲這架死人的機器，老是上下不斷地旋轉。這時高志航倒弄得對敵機無法描準開槍，只好在上空盤旋對敵監視，忽然他得了一個射擊機會，湊上幾鎗，敵機便向龍潭方面墮下去了。但當他急遽地回頭的時候，他又尋到他的獵物，追擊的結果，又是結果了一架敵機。而他又轉回來幫助陳有爲君擊走了另一架的敵機。正當他抽身追敵連續在敵機尾端上空射擊的時候，敵驅逐機兩架抄在他的後面，由他回顧發現敵機的時候，他趕快掉頭上升，飛機一個翻身，便又追在敵機兩架的後面了，敵機也很迅速上翻，雙方正在衝殺，他忽發現敵機增至三架，他受包圍了，於是他施展其上拉斜面倒飛神技，敵機竟無法對其攻擊，他上升到一塊雲裏去。這時，劉粹剛戰士也已在擊衝敵機了，黃泮揚戰士則十分勇敢地與敵機盤旋在另一角，很輕鬆的將敵機擊落。於是，他們游弋天空，繼續搜索他們的獵擊物。劉粹剛戰士經久戰之後，他覺得機上某一部鋼絲好像被擊斷；當他降向機場時，忽然發現敵機一架正緊追在後面，跟着他往下衝來，速度很快，愈下愈近。他自己的機器雖已減低航力了，但他覺得機器尚可操縱，便將油門關小，待敵機來至距離較短時，便以九十度直角小轉灣，突轉迎向敵機，敵機頗靈敏，亦急遽拉向上升，復欲控制劉戰士敵機之後，而劉則隨之上升相互追逐，忽得在其後側一優越地位，卽疾按其準確發射之機關鎗，砰然一聲，敵機汽缸被擊中爆炸，便以一條大龍直拖向地面下墮。劉戰士在空中迴旋數匝，好像笑視他手下的犧牲者，一場空前的惡鬥也便結束了。

這一天戰鬥的結果，敵水上偵察機，被我擊落兩架，敵驅逐機被擊落四架，還有受傷逃回的敵機，無法調查。我們的空軍呢，沒了一位好漢曹芳鎮烈士，壞了兩架飛機。

晚上，參戰的英雄們和其他一部接班的好漢，把着酒盞說：「今日舊歷重陽佳節，敵人送六架禮物來，我們痛飲一杯！！」答覆的說：「好！再來一杯！」

（辛報）

十二架飛機加一條潛水艇

徐遲

初秋的黃昏裏，美麗的雲停脚在高高的摩天樓樹上。這個高大，闊肩膀，漂亮而愉快的青年，就把這貝殼似的紫色的雲指給他旁邊站着的修長，瘦小美麗，打着兩條小辮子的表妹看，這個十八九歲的表妹茫茫然望了望雲，一定的，她沒有看見雲，一定的，貝殼似的紫色的雲倒看見這美麗的少女含了淚。他們緩緩的走動。風吹着幾張黃的樹葉子落下來。五分鐘後，把他們包圍在裏面的一條條街衢都是燦爛的燈光了。

——哥這一走自然是爲國家……

說這傻話的時候，她聲音裏就含了眼淚。走在她旁邊的高大，闊肩膀的青年，他努力要愉快，可是他愉快不起來。自從那一天，他在清早讀晨報，發現了報紙的第一條廣告乃是「航校各期停飛學員生注意，」他的心怦然動了。他非常興冲冲的拿了報紙，到他親戚家裏去，說他決心回母校的轟炸訓練班去。他說他是用不着再受什麼特殊訓練的，五年之前，在學校裏，誰不拍拍他的肩膀，詫他飛行技術高。好幾回在錢塘江實習飛行打靶，就是他一個人成績最好。可是那回因爲太胆子大，闖了禍，把一架重轟炸機跌壞了，給學校裏刷了出來。

——自從給學校裏刷了出來，這幾年過得我多末膩，不過我早知道到國家用人的時候，我還是有機會到空中去殺敵的

他常常到他親戚家裏去，現在他在那間客堂裏哇啦哇啦的笑，因爲他知道他又可以駕駛飛機，而且，何等的緊張啊，他還要和敵國的飛機肉搏。他哇啦哇啦的笑了，可是後來他那表妹哭了。

本來是早三天就要走的，爲了表妹的緣故，他遲延了三天。事實上，他也許會遲延更多時日，可是這是在戰爭，日本飛機不停飛到南京和各地轟炸，這眞是太不像話了。於是這天傍晚，我們發現他和他的表妹在街上走。這是他們在一起的最後的一個黃昏，而他們的散步的目的地是火車站。

——這是爲國家，可是我不願意把話這樣說得廣大，正像外國中世紀的騎士一樣，我出去征戰，爲的是你。

他努力要愉快，到空中的戰綫上去，這自然是愉快的，可是在得到這個愉快之前，他不能不先感到一點悲哀，心底的悲哀。可是他又不能發洩出這個心底的悲哀，他反而要努力裝出愉快來安慰他的表妹。

——哥這一走，我應該覺得非常的光榮……

她這樣說了一半，就立刻又嗚咽了。他們已走到了鐵軌旁邊，拐一個灣，便望見了火車站。

一星期後，他表妹接到他的信，這樣寫着愉快的文句：

「我已經昇到上空七次，每一次都帶一些成績回來。我是在創我個人的紀錄，截至今日止，我的紀錄是擊落敵機十一架，內輕轟炸機七架，重轟炸一架，驅逐機三架。現在我的紀錄已追上了同隊的幾個人，我命運好，到這裏剛趕上他們的大隊轟炸……對了，不能不告訴你，我敢說日本飛行戰士的技術，實在太不行，再不遇到幾次不相上下的敵手，我又要膩了。決不要胆心我生命的安危，空中戰鬥跟地上打架一樣，全看實力，並不靠機會。」

表妹讀信，讀信讀信，含着眼淚笑起來，在笑的劇動中，她的眼淚震落了下來。於是她把信緊按在胸口。這時，他正在飛行場上和同隊的人說笑。片刻，從對面的房子裏奔出一個軍官來，舉起了握緊了舉的右手叫：

「集合。」

他們都迅疾跑到軍官面前，作一個半圓形的弧綫立好。命令傳下來。命令一字一字的鑽進他們的耳朵。立正！敬禮！命令已完全聽懂，他們四面散開，飛機的螺旋槳已經在旋動了。

這是他第八次昇到上空，他已休息過兩天，正覺得精神太飽滿。

在天空中看大地，大地實在藐小，可是大地却因之愈加可愛。飛！飛！

飛在底下是長長的河，河上大約繁生着小小的紅色的秋天的花。遠遠的那邊，是山，是山裏的村子，再遠再遠，逃不過他的眼睛，「哼」他哼一聲。他立刻把飛機昇上，昇上六千呎，八千呎，一萬呎，他隱在雲裏了。現在在他的底下，長長的河岸河岸上的繁生的花已消失掉，底下是白茫茫的一片，一隻黑色的蜻蜓那樣的東西，在底下這白茫茫的一片中輕舉地掠過。「這傻瓜，」他輕輕的罵了一聲，翅膀一斜，立刻他把馬達關起，飛機從空中一直跌下去。

經過了雲，經過了雲，暗色的蜻蜓顯得大起來，八千呎，六千呎，他再把馬達一開，嗡嗡的聲音喚醒了前面的飛機的注意。

「剛正好！」他驚喜地叫。機關鎗掃射起來了，一長串子彈飛過去，前面的飛機燒起來。他擊中了油箱，正在這時候，他感到自己後面正有着敵人。他立刻把飛機向上翻，一個曲綫形的上昇，自己彷彿是背朝下。臉正對了天空中的，便整個的把機身——這時候機身正背着大地，顛倒了飛的——翻了過來。那時，雲裏面：

「トトトトト」機關鎗正向了他不停的射擊。可是他一翻過機身，那邊的機關鎗聲停了，他等候着，等候着千分之一秒的時候，正是生死的關頭，勝敗的決取。「トトトトト」他射擊了。

「第十三！」他默記數字。

可是在他射落兩架敵機的時候，他的同隊的飛機已飛在視綫之外，他沒有注視他飛行的路程，只注意了戰鬥，因此現在他向下望他看見了海。

他決定了方向，便預備回到飛行場去，這裏他已沒有什麼工作做了。他一顆安閒的心回來了，雲從他兩旁退走，有的雲像貝殼，有的雲像獅子，底下是黃海，然而從高下望海水一些也不黃，是藍的，不過看不見波浪。他知道他已到江陰上空了。

這裏沒有什麼工作做了嗎？到了江陰海口的上空，他飛得低下些，盤旋了一匝。單槍匹馬——不，不是馬，是飛機——單槍匹機，他已殺了一個頭陣了。

「哼，」逃不過他的眼睛，他又哼了一聲。「底下是什麼？」

幸運來的時候，你沒有法子去阻止他。底下，一片平靜的藍色的海波中，一條雪白的浪練在移動。不過看不到軍艦出入！什麼 u-beat！「哼，」潛水艇——這些找不到目的物，便以漁船民船做目的物的日本潛水艇！

他把飛機低下來飛，端詳了一下，正是這種東西。

潛水艇完全不知道自已的運命，以爲牠在海裏躲藏得好好的，只要尋找牠的獵取的目的物的中國漁船，別的可以不必顧忌，他把飛機跟定了牠，估量他所帶的炸彈。他帶的很少，只幾個五十磅的，不過這是夠用了，現在他把一切歸功了命運，把飛機掠過水面，投下一個炸彈。這個銀白色的炸彈加速度地落下去。水裏飛起了幾十丈高的水花。第二個炸彈又投下，又一個雪白的水柱在海上豎起。

潛水艇在水裏旋轉了。他記得讀過一本記載歐戰的書，裏面說潛水艇中了飛機上擲下來的炸彈，即使沒有炸開，因爲逃避是很難的，所以居多旋轉不已，表示她已中彈，行將沉入海底。這種作爲的行爲常常瞞過飛行戰士的眼。他決定看清楚潛水艇沉落了回去。

他在空中盤旋，潛水艇在水中旋轉，倒並不是作爲，這潛水艇旋轉了幾次就下沉了，破碎的木片都浮起來。於是他滿意地昇到三千呎，準備回去了。

不過他沒有回到機場，遂被迫降落了。他是汽油已告罄，他落在一個小村外。

他寫信了，「表妹，人家以爲我戰死了，不料我是汽油不夠降落在一個安全的小村外。我的個人紀錄已十三架，又加上一條潛水艇」；

他表妹歡喜得哭了。

（辛報）

大鵬

柯靈

28

喤喤的歌聲劃過晴空。它們三架一列前後兩排的陣容，儼然是天上堅固的堡壘。

航空員閻海文，爽颯的青年軍人，坐在那以海鷹般的雄姿展翅疾行的戰鬥器上，聽着莽蕩的風聲，忽忽的從耳邊過去，心裏起了一種不可抑制的激動。

天幕是一片澄碧的海，太陽雖然將落，還在空間遍佈着莊嚴的金光，遠處有幾堆白雲，島嶼般幽閑自在地浮着，一瞬間，却已經來到眼前，接着從脚下倏然流逝，遺落在後面了。

閻海文在機前端坐着，有如威嚴肅穆的天神，在喤喤的機聲中，他的靈魂也在不住的飛騰迴旋，跟着浩蕩的天野，拓展得無限壯大。他的心裏鼓盪着一股猛烈的熱情，興奮而緊張，像期待着雷霆般的壯劇的啓幕。

他不自禁地低頭向大地鳥瞰一下：後面是如繡的田疇，帶子似的晶瑩的河流；脚下却是緊擠着的屋宇，瑣屑和堂皇的建築物，街道替它們劃出許多方格，像一張棋盤。人們稠密地在路上跑，望下去，成了蠕動的奇小的生物。南邊遠處的市廛，因被敵機所襲擊，有幾處斷壁頹垣，吐出殘燄，升起黑烟；市內高建築上直立的烟突，却幾乎全停止了呼吸。這被威脅的都市，受創的祖國河山，似乎正在對他作着鄭重的囑咐；而地上的人衆，徬徨在砲火中的同胞，他知道無不昂首向天，在對他們投着熱切的期望。

他輕輕舒一口氣。

這老大的民族，苟活在地球上，含羞忍辱的歲月，也應該挨得夠了。說是因爲酷愛和平，年年受着鄰國的宰割；但誰說眞正的和平，不該向戰神尋求呢！四十年的深仇和血債，現在是到了淸算的日子了。當第一響抗戰的砲聲，震碎上海的和平時，這靑年軍人週身的血流，就開始鼎沸起來。

他想起幾年來在國人臉上所看到的輕蔑。因爲不抵抗的屈辱的歷史，提到軍人，熱心人的眼睛裏，往往立刻射出鄙夷的顏色。在某一次的宴會裏，一個鹵莽的生客，談起時局，並且當衆調侃似的問他說：「怎麼中國飛機不打日本的？」他氣得臉色發青，當時眞想跳起來給客人一點教訓，結果却祗好以苦笑回答了侮辱

現在可終於到了洗雪一切恥辱的時候。

他又想起這次出發時，親友們對他的餞別，琥珀色的酒，晶亮的杯，熱情的鼓勵，却沒有一點離別的惆悵。但是最忘不了的是他的月蘭給他的溫慰，臨別時擁抱着他，眼睛裏激動得流了淚。「我每天望着上空，望着你，望着我們勝利的消息！」她顫聲說。最近寄來的信裏，還重覆着這幾句話——這信現在他還珍藏在飛行帽裏面，他禁不住激情地在頭上撫摩了一手。

每一次出征的時候，想起這些，他就增加了更多的勇氣。

「不會辜負你們的，爲了民族的生存，我決計獻出自己的生命。最後的勝利是我們的！」

他在心裏唸着堅決的誓言。一推機頭，略略加快了速度。迎面的風聲，立刻顯得更加猛勁。恍惚間，他覺得自己已經化身爲一隻翺翔霄漢的大鵬，他決定要在歷史的大軸上，寫下酣暢淋漓的一筆。

鐵鷹的陣列，漸漸飛近上海的核心了。

砰！砰！砰！

一種連續的爆炸聲，忽然在前面發出，跟着這聲音，很快的，青空間開出木棉般朵朵白花，接着又慢慢的融化爲淡淡的烟縷。

對着它們，閻海文祇投了輕蔑的一瞥。三架一列的飛機，依然向高空從容前進。

黃浦江，帶着沉鬱的面貌，已經在眼角下閃了出來，褐色的濁流反映出白光，水面氤氳着一些蒼茫的薄靄。沿江相接的桅檣，就像浮在水面的鷺鷥。其中的許多兵艦，頂上各飄着一面小旗，小到幾乎看不清楚；插着太陽旗的幾艘，像受了什麼震懾，砲口向天，慌亂地搖幌着。「砰砰」的聲音就斷續地從那裏發出來。

「算了吧，你們帝國的武士道精神：」閻海文想着兩天來作戰的經驗，沒有遇到過一個較強的對手，禁不住有些好笑。他想：「我們還沒有飛到你們身邊，就這麼張惶的胡亂發砲！」

兵艦上的高射砲聲，更顯得連珠般的緊密。同時鐵鷹的陣列一下子四面分開，最後的三架，祇在雲中盤旋了一個大圓圈，就在撲着黃浦的上空。

海文回頭一望他的三個戰友已經在密集的砲聲中，襲擊敵兵的軍艦去了。他暫且不管這些，挺一挺胸脯，把機頭正對着北面。

天幕的澄碧的顏色，變得重濁了一些。夕陽由左邊通過雲層，從下向上，射出一排金箭。穿到背後迫切的高射砲聲漸漸遠去，耳畔祇剩着機聲與風聲的交響時，就看見前面市廛間的烟霧迷漫的光景。

那正是被稱爲「神秘之街」，而現在已經變成了戰區的兩軍對峙的所在。

街道像是死去了不見一個人影。許多建築物早成了廢墟。萬靜中，偶然有幾下槍聲，在低空流過。

這情景使海文有些緊張，而且憤怒。一股復仇的火從心裏燃起，使他牙癢癢的要破壞什麼。今天他的轟炸的目標，被隊長指定是那兀立在虹口公園旁邊的日本陸軍司令部。他對自己下一個命令：今天一定要使那固執的強盜的巢穴在他手下毀滅，至少是受傷。

他坐下的鐵鷹，便更快的向前猛進。

但正當這時候，他發見右邊的天際，有三隻蜻蜓似的黑影，正向着這邊飛來。

不到兩分鐘，黑影很快的放大，移近，銀灰色的身體兩翼漆着的紅點也可以看得分明了；最後它們終於逼近到幾丈以外的空間，橫刺裏衝了過來。

北飛的三隻鐵鷹也倏的飛散了。

「來得好！」

闊海文暗叫一聲，祇一刹那間。他所駕着的飛機，就流星似的向下直落，一個鷂子翻身，又筆直的反射回來，撲向敵機的當頭一架。

格！格！格！格……

機關槍同時發出了無情的聲射。

六架飛機的劇烈的戰鬥，就在平靜的晚空開始。

被海文所襲擊的一架，因爲迅雷樣的進攻，像驚弓的鳥，慌急的掉過了頭。一陣爆碎的火星，跟着聚亂的槍聲，接着也就掃射過來。可是還沒等它掉過身，海文已經翻到它的上；機關槍又給了一次措手不及的射擊。

火星撩亂的迸舞，密得沒有間隙的機關槍聲，下面敵兵陣地中發出的迎戰的高射砲聲，六架飛機上下盤旋，翻騰，金屬振動空氣的嗚嗚的巨聲，交織成一種瑰奇的音樂。

海文感到痛快，這痛快是他從來所未曾經歷的，因爲他現在正用着自己的雙手在打擊着狂暴的民族的仇人。他興奮得額上滲出珍珠似的汗滴，卻從容地操縱着武器[illegible]輕俐落地和敵機搏鬥。在每一次握住槍鈕擊發的時候，他就咬着牙關。暴怒地睜着發光的雙眼。

敵機的射擊手被海文擊傷了。

混身銀灰的敵機歆射地轉了個彎，血紅的太陽章在夕輝裏一閃耀，便狠狠地敗退了回去，

「祇會屠殺難民的孱頭！」他痛快地啐了一口，緊緊迫在後面揪下了還在和敵機劇戰的兩個同伴。

看着那受傷的敵人，曳着尾巴在前面倉皇的疾飛，漸漸遠去，遠去，終於又小得像一隻蜻蜓，海文混身通過了不可形容的快意。可是他並不窮追，「好暫時饒了你！」他叫着，飛機昂着頭很快的向上一竄，已經隱沒在一片肉紅色的雲層裏。

他的目力炯炯的直射着下面，穿着雲層，悄悄地打迴旋。

一片冒着烟燄的市房看見了；一方絨茵似的公園的草地看見了；敵人陸軍營壘的司令部的高建築，終於也清楚地呈現在眼底下！……

海文準對着這目標猛力地一扭轉輪，

嗚……尖銳而急迫的一聲，閃電似的，一駕飛機從雲端裏歆斜着身體，餓鷹般直劈下來，以不可逼視的速度，在那兀立的建築物頂上劃過，又箭一般向高空直射。於是地下立即爆發出一個驚天動地的巨響。

飛得沒有多遠，機身劇烈的一搖搖，彷彿就要墜下；他仍然向前飛，掙扎着飛出了敵兵的陣地，背

上却已開始感到焦灼般的炎熱，迷漫的黑烟，燻得他連眼睛也睜不開。趁着風勢，熊熊的火舌在機尾上煉着它的身體，快要支持不住了。

「完了！」他帶着萬分痛惜的心情，怔了一怔，彷彿悼傷一個殉難的戰友，但終於堅決的站了起來。

雙手搭住艙門，縱身一躍，海文已經飄然墜下，背上的降落傘，隨着翁然開展，他的身子便懸空搖宕着。

他仰望那受傷的鐵鷹，頭向着地，像被旋風所席捲，骨碌碌翻着觔斗，彎彎曲曲的跌落下去，像一條受傷的火龍：尾上燃燒的烟焰，在空間畫了些彎曲的黑線。

一種極其複雜的情感，忽然擒住了這年輕的軍人。

沒有恐懼，也沒有懊喪；但像失去了一位密友似的悼惜的心情，一時却再也擺佈不開。一種近乎失敗的空虛，也暗暗的爬起來，在啃嚙他倔強的心了。

他一任白色的傘子掛着，在霞光璀燦的空間，慢慢向地上飄墮。

當他身體將要到地，意識突然醒覺的一霎時中，他却惶恐得幾乎要驚叫起來了。

那是一個僻靜的街口，沙袋和鐵蒺藜當路攔着。一羣武裝的動物，聳着肩，抬起頭，用獸性的眼光，眈眈．一齊環伺着，準備擒獲一個英勇的敵將。天！這是什麼地方呀？他竟落到敵人的陣地裏來了。

34

但連驚叫一聲都來不及，海文的雙脚已經着了地。環伺着的幾十個敵兵已經圍了上來。

海文一手拉脫降落傘的帶鈕，一手拔出腰間的手鎗，一個箭步跳到了沙袋旁邊，堅定地站着，就如一座壁立的危崖。一個神話中的巨人。

這時候，他的心反而平靜了，他現在祇有一個堅決的意念：因爲他明白自己已經完成了一個光榮的結局。

然而敵兵祇三面包圍着，拿鎗口對住他，逐步逼近，却並沒有開鎗。

一個滿臉橫肉的敵兵的軍官，在人圍外向他做着手勢，喃喃地說着話，要他丟掉武器，把雙手舉起來。

「還想我成爲你們的俘虜嗎？」海文憤怒地想像受了更大的侮辱。他猛然一揮手：

「滾開」

這樣叫着，像一隻怒吼的獅子。同時舉起手鎗，祇「拍」的一響，敵兵就跌倒了一個。重重的人圍，也猛吃了一驚似的，呆住了。

拍！拍！

又倒了兩個。

彷彿出了那滿臉橫肉的軍官的意外，在鎗聲裏也變了色，站到一個可以掩護襲擊的地方去了。

一面却依然高聲嚷着指揮敵兵來擒這矗立在一邊的倔強的戰士。

敵兵繼續把人圍縮緊，逼近來了。海文又開了一槍他們就又僵了似的呆着。

海文看看當面的卑怯的一羣，他忽然感到了無上的驕傲和得意。但他着一看威脅地向着敵兵的手鎗，心裏計算一下：這裏面祇存着最後的兩粒彈了。他想：應該好好的用掉它們，不空費一粒。

在非常短促的時間裏，他又想起許多朋友的熱情的鼓勵；還有他多情的月蘭對他的流淚的叮嚀。也許她現在正在遙遠的家鄉，向天際凝望着吧？可是……他幾乎禁不住有點酸辛要流淚了。却終於坦然的望着垂暮的天空。祝禱似的說：「永別了，我的月蘭，我的親愛的朋友們！願你們努力！」他想，這樣的結局，大概對得起她們也對得起自己的了。

於是他嚴霜似的臉上，通過了一個瞬息卽逝的莊嚴的笑影。

四圍的敵兵，終於逼近了海文的身邊。

他照舊兀立不動，用手槍對着當頭的一個，「拍」的射擊了過去。看着那小兵應聲倒下，他這才從容地舉起一手，又獅吼般叫一聲：

「中華民國萬歲！」

然後將手槍口抵住了自己的太陽穴。

拍！——

壁立的危崖般的身體，驀然崩陷了下來。一支殷紅的血流，掛到了海文的微笑的頰上。

他彷彿安靜地睡了。

為這青年空軍的壯烈的最後，敵兵都震懾似的在暮靄中頹然低下了頭，一綦石像似的，許久沒有動靜。

（民族呼聲）

悼同學閻海文

趙銘綱

我們同學閻海文，已經在這一次全面抗戰中，為國捐軀了！

閻君遼甯北鎮產，現年二十二歲，他 個性是極剛直而少言笑的。無論應事接物，皆以坦白正直處之。

他的思想是單純的革命思想，視祖國事如己事。他完全忘却了自己個人，而去幹國家需要他幹的事——且能至死不撓的埋頭苦幹下去。

自「九一八」敵人的鐵蹄，踏破了瀋陽，漸而東四省的失陷，他這時只有拋家棄產的負笈北平市，但是他的意旨並不因此而有絲毫的消沉，他決不灰心，他決不失望，且更加強了他的殺敵救國的情緒，並努力鍛鍊他的體魄，來充實救國殺敵應具備的要件之一。

他是一個富于革命思想的健全青年，具有滿腔的熱血報國的壯志，但當他赤手空拳而無半點革命技術之前；只有忍痛的望着祖國的沉淪！待他的熱血達到了沸點的時候，他竟拋棄一切，去投筆從戎，以遂其平生的凌雲壯志。

他目擊「一二八」之役，因之對航空救國的認識，在那時候就種下了其念，近代戰爭的方式，已自平面而進展到立體之後，航空便成為戰爭勝負的樞紐。以往的幾次中日事變，更給我們以一個明確的教訓。一個國家要存於現世紀中倘缺少強有力的空軍，便是夢想而已！「無領空便無領土，」這是世界人士所公認的立國條件。航空救國的高潮，也隨着深沉的國難而澎湃。閻君是個有志有為的青年，對於航空的重要性當更有深刻底認識，便把昔日的「乘風破萬里浪」抱負一改而為「凌雲復我舊山河」的壯志了。

民國二十三年秋，航空委員會派員到各地招考飛行生，閻君逢此良機，就毅然的去應試，他經過了極嚴審而公正的體格檢驗和考試，竟於應試萬餘人中，在正取百餘名之中獲取了一席。

在他的入伍期中，就顯出他的倍加努力，對官長一切惟命是從，以待他日為國效勞。同學及教官們都對他有無限的敬佩。入伍期很快的過去，他是被分配到××空校本部去學習飛行。

他本着胆大心細有我無敵的精神，猛烈的幹下去。記得某一天午夜，他於熟睡中還在喃喃自語的回憶日間教官所指示的飛行技術之一：「橫滾轉（Barrel Roll）……加油門……推機頭增加迅度……慢慢的將方向舵拉至極左（右）因橫滾轉有左右之分……慢慢 將升降舵按極下方，做入後再用反動作回覆……狀……。」由此可以表明他飛行的努力，不但日間研究，就睡眠中尚不忘他唯一殺敵的技術，他的完成飛行期，是在去年十月十日。

八一三的滬戰爆發了，中華民族為爭取自身生存而抵抗強暴的神聖抗戰展開了！這位空軍烈士閻君，於上月十七日奉命飛往北四川路底之敵陸戰隊司令部進行轟炸工作，不幸機身為敵高射砲射中，閻君即使用救命傘下落。詎意仍落於敵軍陣地之內，閻君竟用自衛手槍，向包圍己身的敵人射擊，當斃敵數人，及至最後一粒乃向自己太陽穴一槍殉國！此壯烈成仁的精神，不但使敵人膽懾，為我空戰史上，揭開光榮的一頁，而且足為我們未死的同學的楷模（救亡日報）

梁鴻雲殉難經過

佚　名

我空軍青年戰士梁鴻雲十四日在滬市上空與敵機作英勇抗鬥，於當日下午五時在黃浦江面中敵彈受重傷，旋殞命於同德醫院，十五日入殮，現暫停柩於中央殯儀館。

記者昨特至同德醫院及中央殯儀館，探得梁殉難經過及身後情形。

據同德的醫生及看護婦談：梁為空軍中尉，山東人，年約廿二歲，當十四日夜七時許由紅十字會救護車送至該院時，面色慘白，神志不清，已不能言語。

嗣經注射鹽水及強心針，精神稍見恢復，乃詢以受傷經過。梁謂：當我機與敵機在滬面戰鬥時，敵機機關槍彈自彼背部射入，彼初猶不知，後連中數彈，時同機的任雲閣亦受重傷，不得已將該機駛回起飛處降落，當由救護車運至後方醫院施救，始知任已先彼當場殞命。

至梁之死因，據稱係因子彈自背脊椎骨穿入，經肝臟右上腹穿出，腹腔內出血過多，腿部早已麻木，而且血呈紫黃色，大概因受傷後，駕機掙扎開回，用力過度，致該院醫生在診治時，未及將其肝臟縫合，梁已告氣絕。

梁家屬均遠在山東，入殮時，聞係著藍袍黑掛，弔唁者，有中國紅十字會、上海市救護委員會、文化界救亡協會、非常時期互助會及中國婦女慰勞自衛抗戰將士後援會上海分會各團體代表及其他人士二十餘人。現梁靈前，僅有白燭一對、乾果三碟、花藍及花圈各一而已。至梁長眠的黑漆棺木上，覆有布製青天白日國旗一面，以示為民族抗戰之榮哀。

（辛報）

空軍烈士高謨的一生

吳運開

空軍戰士高謨英雄，已經在上月間殉國了！這種壯烈的犧牲，是永遠被國人所敬崇的。我因為和他有點同鄉的關係，所以約略能知道一些關於高烈士的一生。

高烈士的家鄉，是在武進縣的三河口的一個小鎮裏。他在學校裏求學所用的名字，並不是「高謨，」而是「高憲堯」。自小就很活潑壯健，等到高中畢業的時候，恰巧九一八事變發生，看到國勢衰頹，處處地方老是向敵人委曲求全。像他這種有爲青年，心裏當然十分難過。所受到的刺激，也更加深刻。於是他變他的求學方針，毅然決然單獨跑到南京投考中央航空專門學校第二期的入學試驗。不幸因爲身體不合格而遭到落選。但是他並不因此灰心，仍舊抱定「投筆從戎」的志願曾經對着他同學們高聲的說道：

「我雖然不能完成原有的志願，駕着那飛機去殺盡敵人，但是，至少我有資格當一個兵卒。也可以和敵人肉搏一下，出出這幾年所積下的寃氣。」

果然，一年之後他就考進了中央軍官學校，在學校裏很認眞的潛心研究軍事學識尤其對於身體的鍛鍊，沒有一刻兒停止過。因此師長和同學都很器重他，並因爲他平素待人很和藹，所以同學間對他也很融合。

民國念三年的夏天，軍校裏接到航校裏的通知，要保薦幾位成績優良的學生，去受航空訓練，高烈士因爲平時品學兼優，體格也鍛鍊得很壯健便獲選了！轉入空校之後，他便寫信通知每一個友人，可以想見當時的他內心的快樂！從此他便在××，××，××，××南京各地加緊的訓練在廿五年的秋季便畢業了！名次考得很前，並且有「偵察精研收發無線電」及「空中攝影」等幾科還受到了特別的嘉獎。

自此他便在正式空軍裏服務，最初被派入××隊工作，建下許多豐功偉蹟。後來調到×××

等處工作，到了今年五月才移駐到南京來，而雖然有了這樣優良的技術，仍舊不能滿足他的欲望。閒暇的時候，便專心研究英文和意文，一心想到國外去實習和考察一次。希望能夠得到些更深的造就，終於在七月七日那天，揭開了全面抗戰的序幕。每個人都願意爲祖國犧牲一切向敵抗戰，尤其是一般青年的戰士們大家都躍躍欲試他當然是更希望駕着飛機向敵人痛快的轟炸一下，報復這幾十年間的血債。

八一三滬戰又爆發了！敵機也就在八一五轟襲南京。這時正是英雄獻身手的機會，也是他吐出幾年來所受盡惡氣的時候。得到了守衛南京的命令之後，當天就和敵機開始劇烈的爭鬥。憑着他技術高明身手靈活，初次出馬就打下了敵機一架，後來被改編入第×隊，進駐××，於是每天就飛滬夜襲。不是最初十幾天時有我機來夜襲嗎？我們看到高射炮火花和探照燈照射的時候，高烈士就是其中的一員，駕着重轟炸機在火光中出沒，向敵陣準確投彈，造成他許多優美的傑作

×月××日的早晨三時許，他又奉命駕了×××號重轟炸機到虹口楊樹浦一帶敵陣連夜襲，當時除了高射砲和高射機槍密集的射擊外，敵機出動應戰。他那時奮不顧身。很從容的迴翔騰降，投下了許多重量炸彈。雖然完成了他的工作，結果是身背上受了許多創傷，衣衫上也沾着鮮明底血跡，他仍舊竭力忍住了痛苦，還是繼續努力駕駛着向歸程上進發。

晨霧瀰漫了整個天際，駕駛是感到十分困難。又因爲經過一晚長久的作戰，機油也告罄了！不得

已在××附近被降逼落。他的神志也就昏迷了！但是雙手還緊握着發動的機械。等到送進醫院急救醒之後，還能夠報告作戰經過。可是因爲出血過多而終於不救了！可憐一位年方廿五歲的青年到臨死還顯出英雄本色，高喊着壯烈慘痛的言語：

「我要到東京去轟炸啊！」

現在，高烈士是「重於泰山」的犧牲了！他的屍體，移葬到山明水秀的杭州筧橋航空公墓裏。永遠留給後人們一個不朽的紀念。

我們哀悼他，我們一定要繼續他的步武而向敵人作殊死戰。

我們要完成他們未完的責任，這責任是我們每一個國民都要切實地負起的。

（辛報）

一死一生的兩個航空英雄

徐志麟

在這次抗戰裏，我國空軍屢建奇勳。因此，不禁使我想起了我的兩個進入航校的朋友來。

先烈陳英士先生的公子駪夫是個慷慨激昂的熱血青年，「九一八」事變發生時，他肄業於滬江大學附中，即起主持該校的學生抗日救國會，並發起組織全上海各中學學生抗日救國會，主張對日宣戰，收復失地，曾到南京向政府請願多次。到放寒假時，却爲「抗日救國」罪，被學校開除學籍了。

「一二八」滬戰發生，他立刻從湖州原籍趕到上海，那時他是興奮到了極點，天天領了一隊救護隊到前方去服務，晚上回到老西門陳英士紀念塔下的中學聯辦事處來睡時，總是眉飛色舞地報告着前線的戰情，不久一紙停戰協定將這班年輕人的心摧得粉碎，尤其是他、悲憤得痛不欲生，簡直如發了瘋似的，不時地喊着：「我要殺上去．我要殺上去！」那聲音是現在還親切地如在耳畔呵！

被他的母親強迫領回去了以後兩個月，他從家裏寄信來，說要進航空學校去：「要痛快的殺鬼子，只有坐到飛機上，拚命的擲大炸彈！」可是他的消瘦的體格是不適宜於做航空戰士的，我們去信勸阻他，他的回覆是：「在現在這個時候，還顧得了自己的身子麼！」

終於他瞞了家庭，經過不知幾多困難，進了航校。但是在一個秋天的早晨試飛的時候，他與教練一同因機器損壞而跌死了在杭州！這個消息傳到了上海，我們是放聲痛哭了，我們哭中國少了一個英勇的戰士，我們哭駥夫滿懷的壯志未酬而死

假使駥夫現在還在人間，我相信這次他是會英勇地建起許多驚天動地的偉蹟來，替中華民族解放戰爭留下不少頁光榮歷史的！

其次我要講的，是同鄉吳克成君。他的要進航校的動機，也是在「一二八」時產生。此役我國空軍沒有大量參戰，據說是因飛機太少及航空人才缺乏，他有鑒於此，於是毅然拋棄了學業，悄悄地從無錫跑到上海來投效，但在檢查體格時，就因沙眼而被 Cut 了。

他回到了家裏，也不對任何人提起這樁事，天天到普仁醫院去括沙眼，到次年再去應試，眼睛已無問題，但身體的重量又不合標準。

從此他就專心體育，無論籃球排球以及田徑，整天地玩着，果然身體漸漸強壯，磅數也增加了，前年去應試，體格檢查已經合格，但是在初試時，又因他腿部神經不佳而不取。

去年的一年裏，就專心注力於腿部神經的鍛鍊，每個絕早的早晨，他總是在操場上做好幾個鐘頭的「金雞獨立」的姿勢，風雨無阻。今年春天，果然錄取了，「皇天不負苦心」，他的快樂可知，但是困難又發生，他的才新婚的妻子，不忍與他別離，他的垂暮的父母，又不肯讓他把獨子去冒這層的危險，所以都出全力地阻止他去入伍，他却當衆决絕地講：「什麼事我都可以絕對服從父母，但是父母要阻止我去獻身國家，那麼，我眼裏已經沒有了父母！」他的頑固的父親給氣得立即宣佈與他脫離父子關係，他的妻也憤憤地回了娘家去，終於他是在杭州筧橋了。再一年多以後，他也能像現在的許多飛將軍一樣，爲爭民族的生存與敵人作着殊死鬥，以舒展他數年來的懷抱了。我知道竟成現在是多麼欣慰啊！

（辛報）

飛將軍孫桐崗脫險記

佚名

十月十二日那天，我們英勇的飛將軍，駕着六架飛機奉命出發轟炸塘沽敵人的根據地。可是祇有五架到達了目的地。我們的孫隊長桐崗所駕的飛機因爲中途半空中飛機的推動器忽然脫落不能繼續飛行，所以只得對他的同伴舉手示意後，就降落了。當時一般人都以爲孫隊長已作了壯烈的犧牲，不料孫隊長竟於十八日那一天安然歸來，這正是使人破涕爲笑，喜出望外的一樁事。孫隊長雖然沒有駕着原機回來，却帶着一頭英勇的小犬和一段亦壯亦勇的故事歸來。

事實是這樣：當孫隊長的飛機脫落了推進器時，他和一位同機駕駛的投彈員本可以用降落傘跳下，但他想保全他的飛機，雖在最危險的關頭也不願犧牲這國家可寶貴的利器，於是向另外五架的同伴舉手表示一切無恙，囑他們繼續飛往目的地完成他們偉大的使命，不要顧慮他個人的安全，然後施展他美妙的駕駛術用滑翔方法安全降陸，這次雖然失去了推動器可是這回是他有生以來所遇到的最順利的降落。

飛機快要降落的時候，他和同伴趕忙從身邊取出手鎗，因爲準備萬一降落在敵人的陣地，他們就和敵人拚個死活，直到槍中只剩最後一粒子彈，然後自殺，以作壯烈的犧牲。飛機降下了，他們看見兩個農夫和幾個漁人，農夫同漁人們看見飛將軍自天而下，用着驚奇的目光望着他們，他們不能辨別飛機上的人是他們的英勇戰士還是他們的公敵——日本人，於是雙方便開始辯論。農夫起初不信中國人會穿着這樣奇怪的服裝，後來經孫隊長再三的申辯，並且告訴了他的名字，果然這「孫桐崗」三字有了相當的效力，他們的腦海中似乎已深印了這三個字，曉得孫桐崗就是全國聞名的飛行家。

這時候孫隊長突然看見遠處來了穿着黃色制服的軍隊，起初感覺得很驚愕，後來才曉得他們是我們衞守海岸的將士，他們共有二百人由一隊長率領，他們因爲陣地被敵人佔據，才不得已而撤退的。他們的領隊投降了敵人。但是他們不願作敵人的奴隸供敵人驅使，他們後面還跟着一頭犬，據說也不願跟着主人——他們的領隊——去投降日本。他們還都穿着夏季的制服，耐饑忍寒的等候機會，再來殺敵！

這羣忠勇將士，委實使孫隊長興奮萬分，他這次對我國將士忠勇抗戰又得到一個鐵證，這是如何値得愉快的啊：他和他們談話，知道他們沒有計劃，祇知不願投降日本。於是孫隊長慨然答應暫時統率他們，並允在回到山東後，替他們找工作，和給他們衣食。

這時候村子裏的人愈聚愈多了，都歡天喜地的歡迎孫隊長和這一羣鐵血男兒「朋友們，你們好好的替我看管這一架飛機罷！」孫隊長以和藹的態度叮囑着這一羣村民「如果敵人來時，趕快的燒掉牠，倘若敵人不來的話，待我有機會派人或親自來把牠拿回去」孫隊長臨行時，這樣加上一句，他對着飛機表示戀戀不捨的樣子，因爲那架飛機除了推動器外，仍是完好如初的，但他終於忍痛率領這一羣弟兄離開了那個村莊。

這時天空上已密佈了黑雲，大雨也傾盆似的倒下來，孫隊長等一行人衆在道途泥濘上行動異當的困難夜間敵人四十條軍艦上的探海燈，胡亂的向着岸上照射，他們連紙煙也不敢吸，日間他們又須躲避敵人的便衣隊，可是他們鼓着勇氣，冒着危險，不顧飢寒而滿懷的希望在夜深黑暗中摸索着前進。幸好有那頭忠勇的小犬在前面作嚮導，足足步行了二十四小時，終於安然回到山東省的邊界。

到達目地的後孫隊長就立刻往謁當局，報告一切的經過，當局極爲嘉獎，並給那羣弟兄們換上冬季的制服，羊毛襪子和棉鞋，又把他們編入前綫的隊伍裏去。他們感激萬分，他們感謝的不是得到了暖衣飽食，而是從新獲得了殺敵的機會呵！

孫隊長這才匆匆的到火車站去，但他所坐的火車又遭到四架敵機的轟炸，當時有客車兩列，被轟毀，幸機車無恙，仍向前駛行。

到達了某飛機場後，敵機又來投彈，似乎在歡迎孫隊長的樣子。「老實說，我們早已置生死於度外了。」孫隊長興奮地回答記者的問話，「我已幾天沒有洗澡和休息了，恕我不能多談。」這樣說着他便欣然和記者握手道別，記者目送着這位英勇的飛將軍帶着那頭小犬慢慢的走了，心中對他的脫險感着無限的欣慰。

（申報）

空軍英雄陳盛馨血戰記

士毅

陳中尉原籍是福建，現年廿五歲，是一個長身材，棕色皮膚的青年。他的兩手很大，正是一個典型的空中戰士。陳中尉在一九三五年畢業於航空學校，即加入中國空軍。他隨時都準備痛擊敵人，僅僅偵察和轟炸工作對他是太沉悶乏味了。

記者是在某處訪晤到陳中尉的。他穿着皮短衣，坐在裝飾得很好的會客室一角的一只靠椅上，娓娓地的談他的光榮的戰績。『那天清早××飛機場接得準備出動的緊急命令。幾隻飛機停在飛機場上，技工忽忙地整理機械，裝載炸彈及機關槍。一羣青年熱誠的空軍戰士等待着命令，砲往××或××前線去。突然，聽到飛機的馬達聲。十五隻日本重轟炸機在天空上發現。這時正是六點鐘，天空才有些魚肚白彩。我們的隊長即下令升空迎擊。命令才下，他就立即飛上去迎擊日機了。

我是第二個人飛上去。當我升空時，我看見第三隻我國飛機也飛上來了。日本飛機已飛抵機場，開始呆木不靈地轟炸了。我立即追着一隻日機的後面，開機槍掃射敵機的油箱，目送它拖着火陷跌到一座山後去。

我飛回來再迎擊其餘敵機時，發覺自己被七隻敵機所包圍了。我狡猾地逃開他們，一個迴旋飛到一隻敵轟炸機旁邊開槍攻擊，它在餘姚的上空燒毀墮下。那兩隻敵機的機師也被擊死。

我擊落的第二隻敵機實是第三隻了。另外一隻我機已先擊落一隻敵機了。在機場不遠就墮毀的。兩個機師急跳出用飛行傘降落。』

記者打斷他的話頭插進去說：『我們從日本人的報告上得知日本空軍從不攜帶降落傘以表示他們的作戰精神。』

陳中尉說『眞的，日本空軍都帶比我們好的降落傘。他們的海軍飛機除了降落傘還帶救命圈呢。他們已被我們俘獲了許多。你大概也看到報載英船在海上救起六個日本空軍戰士的。他們便都佩帶着救命圈。

『而且，日本空軍正如他們的海陸軍一樣地隨身帶着千人針和護身符，他們以爲可以藉此保全生命了。日本空軍在質的方面實在不好，不過在量的方面大概多些。』

他再繼續講他的空戰經過：『當我擊落第二架飛機時。我的子彈已用完。我立即飛過山去，因恐飛機場炸壞，所以不急於回去。

『這時我看見從××方面有我機急追敵機過來，稍一接觸，敵機即兔脫逃去。停在場上的我機稍受微傷但十五架敵機被我們擊落十架只有五架逃回去。

『我很慚愧，我只擊落了二架，許多我的同伴比我好得多。一個同伴已擊落過五架，其中四架是重轟炸機。另外一個遼寧籍同伴，擊落四架。而我所擊落的一架則是輕轟炸機，我眞慚愧自己的成績比他們差得太遠呢。』

記者又問：『你曾到××前線去作戰過嗎？』

『是的，在八月廿五日那天，我在××前方受了傷。不過，傷得並不厲害。一顆子彈打穿我的鞋子，在腳底受些微傷。現在我已復原，熱烈希望能立刻再回××前線去。

八月廿五日那天，我率炸機一隊去炸××前的日軍陣地。每隻飛機裝×架機關槍及炸彈，以最高速度在日軍陣地上低飛炸彈及機關槍彈似雨點樣的灑到日軍陣地上去。

日軍受到重大損失，即集中高射砲回擊，子彈也似雨樣的往空中飛。

完成了我們的計劃後，我機全部安然飛返。可是四個飛行員已不幸受傷了。

我的坐機受到兩次傷，我和我的機槍手都受到輕傷。一彈打穿我機的降落機關的機軸，可是這沒損壞到墮落的程度。一彈就打傷我的腳底，另一彈則打傷機槍手的膝蓋。我們的損失可以說不大，因爲日軍化了太多的高射砲彈了。而當我們低飛在日軍戰壕上掃射時，他們是受到極大損失的。

回想到我初次迎擊日機時，那時我是毫不思索的。一看見日機飛來，就立刻躍進飛機升空去迎擊。我可斷定我一些也不怕。我不覺到我的心是跳得很厲害。

我們平時受到蔣委員長及蔣夫人的訓練，當然明瞭我們的職責，永不會臨陣退縮。雖剩一兵一卒，亦當力戰至死。我們爲正義而戰，而日本是爲侵略而戰。勝利當然是我們的。』（辛報）

記空軍戰士黃光漢

吳墀開

前天在一本刊有許多空軍戰士照片的畫報上，被我發現了一位英俊的少年戰士。面貌異常熟悉，一時竟想不起姓名來，再三思索之下，原來就是在滬江裏曾經同學過一年的黃光漢君。

五年前是我在滬江裏將要畢業的一年，在一年級裏有一位新進的同學，身體非常健壯，對於運動方面是很擅長的，那就是我所要介紹的空軍戰士黃光漢。

黃君是浙江人，就是航空署長黃光銳的弟弟。在滬江的時候，除了運動擅長外，對於學問方面也很用功。他既有這樣壯健的體格和學識，自己的哥哥又是航空署長，自然「近水樓台」的關係，他便一心一意要到航校裏去學習。當他第一封信向他哥哥表明意思之後，過了一星期便接了覆信，大意說：「你的年紀很輕，大學又沒有畢業。雖然學習航空是一件很好的救國工作，最好還是多讀幾年書，將來再學也不遲………。」他接到這信之後，心裏很是鬱鬱。便接連一封兩封去懇求他哥哥完成他的願望。經過幾次要求和催促，祇得允許了他的請求。於是他在滬江讀了兩年之後，便開始轉入航校裏去。

我離開了滬江，差不多已整整的四年了。所以和他已好久沒有通訊。過去幾年中他一切情形，當然也無法知悉。不過，我知道他一定在埋頭苦幹，學習那駕駛轟炸等術。

自從八一四我空軍出動之後，常常就想到幾位在航校裏學習的朋友，尤其是最年青的他。我老是幻想他駕駛了飛機，在雲表裏出沒，盤旋於敵陣的上空，轟炸那敵兵和敵艦。果然，他並沒有使我失望。屢次聽到他穿雲殺敵，在杭州各地，擊落敵機多架的消息。

上月間，不是我國飛機誤炸了美國胡佛總統號的事件發生嗎？那駕駛這肇事飛機的，據說就是這位黃光漢戰士，因爲當時他急於要完成願望，一時魯莽，所以造成了這不幸的事件。聽說他爲了這事，曾受到幾天的短期「禁足」。我想信他絕不會因這小小的事情而氣餒的，從此以後，一定更謹慎更奮發的爲國效命。朋友們等着瞧吧！

（辛報）

記飛將軍高志航

東海

在一二年以前，看見過上海市舉行的獻機典禮的人，總還不會忘掉那時表演飛行技術極出色的高志航君吧！

自從全面抗戰發動後的不多幾天，他與敵機會在浙杭的上空發生過猛烈的劇戰，結束在英勇而高超的戰術下，給敵空軍一個嚴重的威脅。可是他也不幸地受過傷！

在一個友人的談話裏，知道了幾件關於他的瑣聞和這次戰鬥的大概情形，現在記在下面，雖則是他平日生活中的很小幾個片段，也許爲讀者所樂聞的吧：

「他是航校的第一期畢業生，現充空軍第×隊隊長，當在航校任教時，他的飛行技術在空軍中是很有名的，就是幾個外國教官也都很佩服他，本來在天空裏倒飛是件不很容易的技術，但他却能在空中倒飛到七八分鐘之久，而那些外國教官，飛到五分鐘已經不能再支持下去了。

「他的個性很強，不肯示弱於人聽說有一次有一位飛行家（姓名我已忘了）在上海南京表演後，又到杭州去表演，航校派他同其餘的二位駕機到半途去迎接，當他們同那位飛行家在海甯上空相遇後，他就在那飛行家的機前突然的機頭朝下，來了一個大翻身以表示歡迎，本來飛機翻身都是用機尾向下，頭部向上那麼的翻過去，頭部向上是極危險的，一個不好，就會栽入地去，結果那位飛行家到杭州後就稱病不再表演了。

據說這次他遇到敵機後，因爲敵機甚多，他就大顯神威的在敵機前一下子翻了好多個觔斗，以混亂敵人的目標，而又乘其不意突使射擊一架敵機就此被他擊燬，開了中國空軍擊落敵機的紀錄，而他也卒以衆寡懸殊，在許多敵機的猛烈的圍襲中英勇而又不幸地受傷了！

（辛報）

54

飛將軍黃廣慶及其慈母

希君

當粵空軍黃廣慶奮勇驅敵受傷的消息傳到上海的時候，使我回憶起去年聖誕節的前夜，由朋友們的介紹便和這位黃君認識了。他們是自小相識的，通常叫他做「亞慶」，我也這樣稱呼他。他是中等身材，黑黑實實的一個十足廣東典型。他不喜多言，微笑便代表了他的一切待人接物和藹可親，在他從杭州回廣州道經上海的時候，便給了我認識他的機會。那天晚上，我們唱也唱完了，玩也玩倦了；不知誰發起了弈棋。在我們各人之中，沒有一個是他的對手。我第一盤雖然僥倖勝了，但已十分吃力。以後被他發現了弱點，控制着我一籌莫展。他眞正是一個軍人本色——所謂「沉着應戰」——一心專注在棋盤上，旁邊玩甚麼說甚麼都不能分散他的注意力。出奇制勝是他的特長，常常會給他弄得莫名其妙，就是瞧着他堅決的面孔吧，自信心之強，使我一望已輸了三分。

現在已經過了十個足月，全面抗戰已發動了，我們的空軍正在發展他們的威力，當報上載着敵機轟炸廣州了，我們彼此談論着「亞慶現在出動了，他一定拚命來的」隔了沒有幾天便得着他受傷的消息。

九月廿五日的香港華僑日報的新聞欄以最醒目的標題登着「訓子捨身衞國」幾個大字，關於他的紀載甚詳，因此感覺家庭教育之重要，我想這也是讀者所樂聞的。

黃君是廣東中山縣人，現年廿四歲。當他在香港英華書院讀書的時候，是一員體育健將，曾代表他的母校得到數次籃球錦標，他做事十分有毅力，因此他的長跑亦十分了不得。有一個這樣體格的「亞慶」考入空校的先決條件當然不成問題了。民國廿二年入廣東航空學校第七期甲班，於民國廿五年三月畢業，轉入杭州中央航空學校，後又調回廣州。

當他十四歲時，父親便已去世；由他母親自己來養育這幾個孩子，他兄弟姊妹共九人，一姊一兄一弟已經去世，現僅存他自己和兩個姊姊一個弟弟，兩個妹妹。

他的母親梁澤庭女士從事教育多年，愛護國家和篤信基督教，現任西南女子中學九龍分校的小學教員兼事務主任，最近因爲病，尚在假期中。黃君自小便受良好的家庭教育，他不但很忠心於國家和基督教，而且十分孝順他的母親，當他入廣東空校時，每月僅得空校津貼五元，每逢假期返香港探望他的母親的時候，必買許多衣服和食物回家，畢業以後，所得的薪水，亦寄回給他的母親，而自己是很節儉的。

當這次華北事件發生，軍事緊張的時候，他曾回香港向他母親面陳一切。他母親勉勵他應該立身聖潔，忠誠爲國。倘能如此，上帝必永遠保護他在前線殺敵了。他說他已經以身許國，而且交託上帝請母親不要爲他掛念，便回廣州候命。近日他的妹妹因聞空軍有預立遺囑準備犧牲殺敵之事，就寫信問她的哥哥曾否預立遺囑。他回信的壯烈，眞使人油然起敬，他說：

「既然以身許國，已經置生死於度外，不須預立遺囑。但我深信上帝尚有許多時期需要我殺盡敵人，我已下最大決心，將日本人一一殲滅，故敵人應預先立遺囑始可來向我侵畧。」同時並勉勵他的妹妹努力讀書，孝敬母親，讀了這一段我國空軍的家書和日本空軍的一封信相較，眞有天壤之別。

上月廿三日晨，飛機襲廣州時，他便駕了一架驅逐機奮勇殺敵，當他追擊敵機至虎門上空的時候，被敵機多架折回圍攻，他一直殺出重圍，返抵市區被逼降落在河南蒙聖里分局段內平民住宅的瓦面上，機身和屋脊只受了微小的損傷，他自己的背額手足亦受微傷。吳鐵城主席和余漢謀總司令亦皆親往醫院慰問當他受傷了以後，他的家屬已經接着長途電話的報告。惟因他的母親尚在養病期中，未敢告訴她，但是她早已在報紙上看見她兒子受傷的消息，覺得她的兒子能忠勇為國是一件無上光榮而足快慰的事情。

每當黑夜敵人的信號和高射砲亂放的時候，這個黑黑實實，十足一個廣東典型的影子浮動在我的腦海裏，在我心坎的深處印着他堅決的面容；我希望他立刻復原，好像我們給他慰問的電報裏說：「珍重，繼續殺敵！」

不單是我們、我相信這句話也是我們全民衆對我們忠勇的戰士們所要說的一句話！

（辛報）

女飛行家楊瑾珣

映雪

楊瑾珣女士，是一位為中國婦女界爭光輝的青年航空員，過去曾經以第一名的資格，畢業於中國飛行社。當然囉他的技術的純熟，是不言可喻的了！

到月底，華北吃緊，平津相繼淪陷的當兒，女士曾一度晉京謁我航空當局，請纓北上殺敵。中央方面對於女士的愛國熱忱，大加勗勉，並允准女士所請，各點着待命出發。不料青天霹靂，第二次的滬戰，即在楊女士請命後不幾天就爆發了。同時，更出乎意料以外的，我們的空軍，又是那樣的有勁，屢次予侵略者以重大的打擊。這，多夠我們的女飛行家技癢啊！於是等不及當局的通知，她已於日前束裝晉京，再度請纓準備同敵機在九霄雲外一決雌雄了！

在她動身晉京的時候，曾寫了一封信給「交際博士」黃警頑——一位最關心於她的老先生。她這樣說：「……廿九日午後我將和同學們再度晉京投效了，此去沿途危險甚多，我們是否能平安到達首都，只有天曉得！當局是否因性別的限制而允許我和他們一同實際參加受訓，更成問題！然而，危險我不怕，困難更不能阻止我，我決計冒險前去，到京後（如果沒有任何不幸的事情發生的話）即將經過詳細情形告你，特寄數行，以告行蹤，請為瑾珣祝禱成功吧！」寥寥數語中，我們能看到我們的女飛行家是如何地渴望着，渴望那成功的到臨！

「危險我不怕，困難更不能阻止我，」時代的姑娘，請循着這兩句話去找求你的光明的前程吧！

（辛報）

戰士

馮玉祥

八月十七日，——奔敵司令部，

我有三架機，——炸彈去轟擲。

敵人高射砲齊發，
一架被擊將落地。
戰士閻海文，
用傘行降落，
落到敵陣內，
乃被敵包圍。
閻用手鎗向敵射，
一連斃敵十餘人，
子彈留一顆，
自擊太陽額。
殉難為中國，
立志不苟活，
壯烈犧牲好勇士，
日本報紙大字刊事實。
堪欽佩，
千萬世，
同胞們，
共速起，
殺敵人，
莫渾疑！

（救亡日報）

鄭振鐸

我翱翔在天空

——飛機師之歌

我翱翔在天空，
我在狂風驟雨裏上下翱翔。
我穿過烏黑的雲塊，
我的避風鏡為雨水所濛。

我要翱翔在敵人砲火的上空，
給他們以命的打擊：
洗刷了挨打不還手的垢辱。
爲「一二八」慘死在轟炸彈下的無辜者
報仇。

◇ ◇ ◇

我翱翔在天空。
我在狂風驟雨裏上下翱翔。
我穿過辟辟拍拍的高射砲的網層，
那銳利的彈尖只在我機的前後左右飛過，
我直飛向敵人砲火的上空，
我對準了那砲火最密的敵艦的中心。
鬆下了轟炸彈的機紐，
然後，向重雲裏箭似的飛去；
一聲轟隆的爆烈，

濃烟直向高空衝起。
這一個五百磅的重彈的
夠他們妖魔們受的！

◇ ◇ ◇

我翱翔在天空，
我在狂風驟雨裏上下翱翔。
飛起來便不想無功而回，
以身許國是我們個個空軍戰士的誓言。
鬆下轟炸彈的彈鈕，
給敵人致命的打擊。
我翱翔在敵人陣地的天空，
用機槍向敵人掃射着。
星星火舌似的槍火，
掃倒了敵地上的妖魔。
洗刷了挨打不還手的垢辱，

也有這一天爲「一二八」慘死的無辜者——報仇！

（吶喊）

空軍歌

何家槐

（一）

我們騰空起。
直往雲端飛；
飛向敵人的陣地，
給打擊者以打擊。
我們都有决死的勇氣，
我們在空中大獻神技。
敵人可沒有絲毫鬥志，
爲了逃避轟炸機，
竟在敵艦上掛起我國國旗；
無恥無恥，
狠心狗肺的日本帝國主義。

（二）

我們打先鋒，
直往雲霧衝；
衝向敵人的上空，
予轟炸者以炸轟。
我們都是空中的英雄，
我們高飛着好比輕鴻。
敵人可沒有半點神通，
爲了免把狗命送，
一見我們竟逃得無影無蹤；
英勇英勇，
所向無敵的我們空軍弟兄！

（三）

我們齊向前，
直飛雲霧邊；
飛向敵人的火線，
冒着敵人的烽烟。
我們已在鬥爭中成長，
我們要保衛大好江山。
復仇的熱血正在沸騰，
爲了替祖國爭光，
我們誓把多年恥辱用血洗；
向前向前，
我們誓把多年恥辱用血洗！

（立報）

祝空軍

艾蕪

一二八的時候，
上海天空盤旋着大羣的飛機，
抬起頭來看看，
只悄悄嘆一口氣；
「爲甚麽我們的空軍，
不來趕開這些殺人的東西！」

◇　◇　◇

如今抗戰才一開始，
就看見我們英勇的空軍，
在天空轟炸敵人。
敵機飛過天空的時候，
也高高躲起，

再不像先前那樣地神氣！

◇　◇　◇

空軍，你給我們莫大的歡喜！
空軍你給我們吐一口氣！
我們四萬萬人，
一齊舉起手來，
祝你空前勝利，
「把他媽敵人的軍艦飛機
通通炸毀！」

閻海文（大鼓）

趙景深

中日戰爭捲風雲，一鳴驚人我空軍。衆多將士都不表，單表一位閻海文。若問他祖貫本是遼寧產，剛直寡笑衆所欽。今年纔只二十有二歲，滿腔的熱血滾沸騰。自從敵人鐵蹄踏破了瀋陽地，接着是東北失陷，他只得拋家棄產負笈赴北平。他咬牙切齒要報那家國仇恨，時時刻刻掛在心。眼看着一二八我軍失敗了，感覺到沒有領空，想守領土萬不能。新式戰已從平面變爲立體，要殺敵必須咱們飛將軍。因此上，壯士去考航空校，萬人之中榜上奪魁名。從此得遂平生志，一心一意學飛行。睡夢之中還念着長官訓，橫滾轉加油門推機頭速度增按機舵慢慢行，再用反動作回覆不暫停。光陰迅速來得快幾月之內技術精。恰遇到上海大戰日軍進犯，我空軍凌雲作戰顯威能。十七日我機三架往轟日軍司令部，這其中就有咱們閻將軍。三架飛機騰空起，直飛到千尺以上入層雲，風馳電掣來得快早來到北四川路底澌軍陸戰大本營。日軍得信驚惶甚，高射砲聲響不停。閻將軍想起了東北山河被蹂躪，想起了自己背井離鄉好悽淸。這一回一定要報仇雪恥，接連的炸彈向下扔。四週圍銅牆鐵壁難毀壞，裏面一齊着火像火盆。到這時壯士纔揚眉吐氣，不提防高射砲彈中機身。閻將軍慌忙架起降落傘，誰料到他竟落在敵軍營。日本軍中忙傳令，上前包圍要生擒。壯士渾身都是膽，忙將手槍手中擎。扳動機鈕連幾響，砰！砰！砰！大發神威打敵兵。敵兵一個一個應聲而倒，最後僅存一顆子彈，太陽穴上自擊一槍，壯士就此把命殞。消息傳到日本去，大阪紛紛上新聞。不單是我國人士齊掉淚，就連那敵人也把他來欽。木村毅說起中國已非昔日比，閻將軍壯烈犧牲，一場大戰驚天動地泣鬼神。正氣浩浩垂宇宙，壯士英名振乾坤。

附錄

千機殲滅日本論

李浴日

空襲的功能

『善攻者動于九天之上，』這是中國國防論始祖孫武的名言，見彼的兵法十三篇的軍形第四。這句話雖遠在二千多年前說的，但却豫言了今日的空襲主義。朋友，今日飛機的攻襲敵國敵人，不是動于高空之上嗎？彼又接着說：『故能自保而全勝也，』似乎又是豫言空襲的功能。關于空襲的功能，法國貝當元帥于序杜黑的制空論之戰理一書說『空軍攻擊的目標至爲遠大他致力于減弱敵人的戰爭潛能。不僅攻擊武力本身且攻擊武力的根本他的目標是在敵人的土地上』又說：『一個能決勝的攻擊，不但以破壞武力爲目的，並要以破壞敵人後方民族中心爲目的……。飛機可以超越一切障礙，任意攻擊地面武力或對方空軍，並且打擊整個敵國，他的資源，他的自信力所以空軍是良好的攻擊武力。他的優越的性質是由本身和空間發生的空間是若法，不易捉摸，他在地面海面之上，不能爲地面海面所阻隔。』

戰勝是決于進攻

在戰爭上，專取守勢是不會戰勝敵人的，必須攻守並用，或專取攻勢，方能博得赫赫的戰勝，屈服敵國敵軍。愷撒漢尼拔成吉思汗腓特烈大王拿破崙等的戰略都是採取攻勢。孫子全部兵書，不是主張攻守並用，如說『守則不足，攻則有餘』等便是主張專取攻勢，如說：『千里殺將，』至於德國大軍事理論家克勞塞維慈在其名著戰爭論上說在戰爭上，除破壞敵的武力外，尚有其他種種的積極目的。爲達到此目的，唯有採取攻勢。』又說：『大凡在戰爭上，沒有襲擊過敵人一次而想敗退了敵人，像這樣專取絕對防禦方法的戰鬥，眞是愚笨與可笑！』這是斷言眞取守勢的不是唯有採取攻勢方能達到勝利的目的。

依于上述，所以我國今日的對日作戰爲求戰爭的勝利計，僅僅憑在沿海國境的守禦（抵抗。

那是不成的。因爲。這樣決不足給與敵人最嚴重最致命的打擊，而欲給與敵人最嚴重最致命的打擊，唯有採取攻擊的戰略，談到攻擊，現在我國雖沒有很優秀的兵艦載運大批陸軍渡了太平洋去登陸攻擊日本，但有優越的空軍未必不可補救。大家都知道飛機是絕對攻擊的工具，最良好的攻擊武力，那麽，爲求戰爭的勝利計，就有『集中全力于決勝點』——指揮千架飛機排山倒海然去空襲日軍的後方，日本的內部的必要了。

空襲的目標與機數

古人說：『射人先射馬，擒賊先擒王，』現在我們主張空襲日本，當可本此原理。就是說；空襲日本，並用不着以整個日本爲目標，僅將其心臟，生命線的地帶燬滅了就成。即燬了她的政治經濟中心與海空軍根據地，如東京，横濱，名古屋，京都，大阪，神戶，長崎，横須賀，佐世保，吳港，千葉（飛機場）等地于是在我國的日軍就不能支持作戰了，整個日本也隨而動搖崩壞了。因爲現在日軍的在我國領土作戰，是全靠其國內軍需品的供給，與政治社會的安定，而其國內的安定，亦全基于沒有遭受着任何打擊。

但是，欲空襲這些地方，究竟需要多少飛機呢？小集團當沒有什麽用處，必須以大集團——千架重輕爆擊機（即五百架亦可）分爲十路去投彈，以期給與她最嚴重最致命的打擊。而且這千架爆擊機（即轟炸機）最好配以二三百架偵察機與戰鬪機，以與日本的防空機作戰，而牽制之，俾得爆

66

擊機安全地達到目的地大施猛威。

空襲的可能性與容易

從我們江浙一帶的飛機場至日本的長崎……東京，其短距離爲一千基羅以內，最長距離爲二千基羅以內，這個距離以今日進步的重輕爆擊機自分別有此往返的航續力，這是不成問題的。但有一問題卽這千機能有多少可以達到目的地呢？第一據法國防空的實驗，用高射砲射擊飛機，則三十機中有十一架，卽約三分之一可以達到目的地，完成投彈的任務。第二，據大前年日本舉行關東防空大演習的報告第一日有三機從鹿島灘，助川方飛而來襲擊東京，結果一架被擊落，其餘二架侵入東京的中心投下所帶的炸彈，安然逃去。第二日，有十五機的大編隊，出現于南方的上空，展開與防空飛機隊大戰，雖被擊落三架，但其餘十二架則到達東京的上空逞了暴威而去。所以我們可以斷定：這千機分爲十路的空襲日本，每路百架，則百架中，當可有三分之一或二到達目的地無疑。而且我們的空襲日本當選擇適宜的天時——月明之夜或灰黑之夜，其機又飛翔于五千米突的雲霧以上，使在地面的高射砲手連看都看不到，則損失當更少。

蘇聯遠東紅軍總司令加倫將軍，曾說過：『倘若從東京的上空投下三噸炸彈，則整個東京就立刻燬滅，現在我們豫算百機的三分之一，可以到達東京的上空，每機攜有三噸炸彈（現在的燒夷彈可以燒燬鋼鐵）約共百噸炸彈、那麼東京，以至其他各城市，當更可澈底燬滅了。

還有一點：空襲日本是很容易的：第一，日本的政治經濟中心，均濱臨海岸，爲飛機的好目標，易于發現。第二日本的建築物多以木材造成，易于焚燒。第三，日本的防空設備，依然尙未十分健全。第四，附帶說一說：空襲都市並不像空襲兵艦那麼樣困難的。一則標目很小，一則目標很大；所以空襲都市只要到達其上空，拉開炸彈的搭架就得了。

日本的燬滅

最後有人懷疑：以我國要準備千架爆擊機與兩千飛機師去空襲日本恐怕辦不到吧？我說：軍備是祕密的，非主其事者不得而知，現在有人說：我國已有此數目的飛機與飛機師。也有人說尙未有。倘若未有，亦不要緊，因爲只要有錢，飛機可以向外國工廠裏購買（爆擊機每架約二十萬元）飛機師亦可向外國招募。總之一切都不成問題了，只要我政府有決心，伺機實行。

很明顯的，日本軍閥不惜犧牲全國人民的利益以侵華，當必結下重大的惡果無疑，彼現在一天一天的加緊武力的壓迫，然壓迫力愈大，則反抗力亦愈大，當我軍一轉爲採取攻勢時，即迫不得已指揮千機空襲日本時，那麼日本就要悲慘地燬滅了。各大都市的命運，將如亞爾巴所著的『防空』一書上所說的吧：

『從是怎麼當于想像力的小說家，當着描寫未來的空中戰，仍不外陷于五里雲霧中。……飛機的大編隊，又大編隊，飛行于暗空中，把搭載的炸彈，對準着目標地如雨下般的擲下。于是建築物多遭破壞，都市大半變成焦土，電氣，瓦斯，水的供給立刻停止，交通立刻斷絕，電話網立刻解體，毒瓦斯充滿于馬路，流入民房，死屍充塞大地，一切的生命悉在惡火下宣告燬滅。」

（救亡日報）

我空軍佔絕對優勢

金則人

當全面的抗戰尚未展開以前，人們都在我們自己實力的估量上用功夫，特別是在軍事的武器一方面，關於我國的空軍，人們估計得低而又低，據我所聽到的，有的說我國能作戰的飛機不過百餘架，有的說我國能駕駛飛機的空軍人材不過百餘員，又有的說我國飛機買的都是外國舊貨或次等貨，簡直沒有作戰能力等等，諸如此類的傳說不一而足，自然，關於我國的軍事準備，因為必須保守祕密的原故，詳細的狀況，我們是無從知道的，但是假如要是照上述這些傳說估計起來，那麼我們的空軍，簡直不成其為空軍，更那裏談得上作戰呢。

然而事有出乎人們意料之外的，上海的抗戰第一天爆發，我空軍第二天就成隊地出現於天空，真是「飛將軍」之突如其來，驚喜得上海市民拍手和曉舌，忙作一團。「想不到我們也有空軍」「想不到我們的空軍也居然出來作戰！」「更想不到我們的空軍竟有如此厲害！」「轟炸出雲艦，簡直是奇蹟！」

我們決不能說現代的戰爭不需要現代的武器，縱令是弱小民族對帝國主義侵略的抗戰，也不能否認武器具有決定的作用。我們雖不必像唯武器論者以武器爲戰爭唯一的因素，但我們也不能把武器作用完全否定，我們相信唱準備論者的確是有相當準備的，今日的抗戰已經證明我們的準備確已到達可能並且應該抗戰的程度，同時也證明過去唯武器論者以及從唯武器觀出發的抗戰尙早論是絕對的錯誤。

從最近十幾天作戰的情形看來，祇就我們的空軍說，不但粉碎了戰前許多毫無根據的傳說，並且證明了我空軍對敵空軍佔絕對的優勢，同胞們以爲敵機被我擊落三四十架而我機僅損傷不及十架是誇大嗎？不是的，決不是的，我空軍僅以極小損傷換取了敵空軍莫大的損害是極有可能的，而且在種種條件之下，我空軍決不應遭受很大的損失使敵空軍佔到便宜，我可以提出以下幾點理由來作爲證明：

第一，敵空軍在侵略戰中的主要任務是轟炸，轟炸的標的，我空軍根據地——飛機場，作爲經濟重心的大都市生產機關，指揮作戰的大本營司令部，政治中心的首都，以及交通線等。但是在這些重要的地方，我方都有嚴密的防空設備是毫無疑義的，敵機飛來，我與以射擊，敵機自然難以得逞。

第二！遂行轟炸任務的敵機大都爲重轟炸機，敵軍在我國，祇少在華中華南的一帶沒有根據地，它祇能從停泊在沿海的航空母艦或甚至從遠得將近千里的台灣起飛，重轟炸機的時速和升高本來就很低，加以每機祇少須載五百磅以上的重量炸彈不止一顆，（普通最少四顆）因此它的載重須在二千磅以上，旣有如此重量的積載，則其時速和昇高更爲低減。

第三我空軍迎擊敵機的常爲驅逐機，驅逐機的機身較小，時速和昇高都較轟炸機爲優，且無需積載炸彈（驅逐機的任務祇須在我領空中驅逐敵機，在我內地根本沒有轟炸的任務）所以活動起來極其靈敏。空戰以飛機時速大昇空高爲佔優勢，它可以踞高臨下，以機鎗掃射敵機。

第四敵機大部或甚至全部都是模彷歐美而自造的。日本雖說是一個帝國主義列強之一，但它的重工業還相當落後，未趕上歐美是可以斷言的，技術亦不能和歐美比擬，因此它的空軍尚不能和其他列強同日而語。反之我空軍用機雖不是自造的，但卻是用重價向歐美諸航空技術優良的國家購買的，如果我們中國人不是蠢愚無知的話，決不會買些不能使用的劣機，至少我空軍飛機決不比敵機更壞，也是可以斷言的。

根據這幾點理由，我敢斷言，我空軍對敵空軍在作戰上佔了絕對的優勢，而連日敵機飛往我首都，杭州廣德揚州等處轟炸，絕少生還，而我空軍則損傷甚微的這個報道，決不是無因的，更不是偶然的。敵人企圖以空軍轟炸來威脅我們恐怕是徒勞啊！

不過我們也決不能輕視敵軍的威力，我們依然應該奮勇力戰。根據這兩天的報道。敵軍以成百的飛機往我內地轟炸，顯見其已往的轟炸毫無效果，是蒙受了極大的損害。但是這成百的敵機卻需要極大的防空力量來應戰，爲使我空軍保持抗戰能力起見，空軍人材的加緊訓練，戰鬥機的不斷補充，是一刻也不能鬆懈的工作。我全國同胞應亟起協助我政府在抗戰中造成無敵的空軍，

中國空軍之勝利

佚名

這是字林西報的駐京記者廿二日的報告，（在廿三日的該報上，註明是「本報特訪員的報告：」）

「今天早晨日本方面的無線電廣播的消息，說是在南京附近一帶的區域內對中國空軍根據地大加破壞。這顯然是揑造的消息。

「我同着英美的海軍軍官等曾巡視明故宮及句容的中國軍用飛機場一周，

「明故宮的機場上，有三個炸彈的痕跡，炸及一間工作室及在場上一架正在修理的飛機而已。在句容落下八個炸彈，都無標的，最近的一個尙離機棚三十碼開外，損失僅爲一架陳舊的練習機。

「毛邦初將軍對記者談：一共有三十四架日本飛機被擊下，內中有二十四架重轟炸機。至於中國飛機的損失則僅是一架被迫降落而損毀，二架輕傷，三架在地上被炸毀。

「後來我們曾檢查了一下那損壞的機件，內中確實有好幾架日本的雙發動機的轟炸機，是在南京附近擊下的。

「我個人堅決的認定在近幾天內，中國的空軍確是占有極大的勝利了。」

中日空軍的異點

落霞

在杭州被我國所俘獲的日空軍飛行員，身旁多被搜出大批神佑符！飛機是二十世紀的產物，身藏神佑符却不免有十六世紀的遺風。尤其可注意的是這明明表示怕死的心理！他們的怕死，其實也確是很可憐憫的，因爲他們不過做本國軍閥的工具，作毫無意義的犧牲品；這樣毫無代價的死，他們滿不願意，我們不但不忍責備他們，實在覺得他們的怪可憐！

中國的空軍恰恰和這種現象相反。我們的空軍鬥士知道他們的英勇抗戰是爲着整個民族的生存，是爲着人類的正義；所謂理直氣壯，所以格外勇敢，他們身裏所有的是熱血肝胆，是同仇敵愾，所缺少的却是『神佑符』這一類滑稽的貨物！

我覺得這是中日空軍的一個很重要的異點。

我寫這篇短文的時候，日本戰鬥機連日被我國擊落的已在三十架以上，而我方僅三架受傷。這在日空軍的宛死者也許要埋怨『神佑符』的無靈，在我們看來，却是由於我們的鬥士英勇抗戰的結果，——不怕死的結果。

（抵抗）

空軍戰績

佚名

我空軍自應戰以來，奮勇交綏，殲滅敵機敵艦，爲數極衆，擊落敵機達六十餘架，燬沉敵艦達十餘艘，茲將自八月十四日至八月三十一日各戰鬥員所擊落敵機與擊燬敵艦之統計，探誌如下。

敵空軍被我殲滅之飛機種類、地點、日期及我空軍軍官姓名表

（廿六年八月十四日至三十日）

姓名	籍貫	擊落敵機架數：重轟	輕轟	驅逐	水機	合計	擊落敵機地點	日期
樂以琴	四川蘆山		四	一		五	筧橋附近擊落四架	十五日
							滬西擊落一架	廿一日
劉粹剛	遼寧昌圖	一		一	三	五	一架落滬西約卅華里	十六日
							一架落滬西鐵路北十餘里	二十日
							一架沿江	十七日
							一架於上海	廿三日

74

						一架於瀏河口四	
董明德	遼甯海城	一	一		二	曹娥附近擊落一架向錢塘江滑下	十五日
						揚州擊毀一架落東台縣間	廿一日
梁添成	福建南安	二	二		四	在杭州附近擊落一架	十四日
						南京溧水間擊落二架	十五日
						筧橋附近擊落二架	十六日
陳盛馨	福建連江		二		二	在曹娥附近擊落二架落於機場南方後山	十五日
傅嘯宇	福建福州	一		一	二	句容附近擊落一架	十六日
						上海擊落一架	十七日
楊慎賢				二	二	嘉興擊落兩架	十六日
李桂丹	遼甯新民			一	一	曹娥江擊落一架	十五日
毛瀛初	浙江奉化			一	一	杭州場東	十五日
楊夢青	河北天津			一	一	半山橋司間	十五日
王蔭華	河北清苑			一	一	空校半山間	十五日
黃光漢	浙江餘姚	一		一	二	南京溧水間	十五日

						落南匯咀海面	三十日
王遠波	遼寧安東			一	一	翁家埠	十五日
鄭小愚	四川渠縣	二			二	錢塘江口一架	十四日
						南京溧水間一架	十五日
吳鼎臣	江蘇漣水	一			一	南京溧水間	十五日
巴清正	吉林賓縣			一	一	筧橋附近	十五日
黃泮揚	廣東恩平	一			一	句容之西	十六日
黃泮揚 陳其光	廣東番禺	一			一	句容之北	十六日
秦家柱	湖北咸豐	一			一	落於南京東擡地焚燬	十五日
黃新瑞	廣東台山	一			一	落於南京東擡地焚燬	十五日
袁葆康	江蘇上海	一		一	二	揚州擊落一架落淮陰附近	廿一日
						擊中一機於上海目睹噴出白烟	廿三日
朱恩標	河北天津	一			一	揚州擊落一架	廿一日
李桂丹 柳哲生 王文華	河北清苑		一		一	擊落於杭州	十五日

76

李桂丹同友機三架	河北清苑	一		一	擊落於杭	十五日
王文華	河北大城		一	一	擊落於筧橋機場南	十六日
高志航	遼寧通化		一	一	擊落於半山附近	十四日
高志航 譚文等			一	一	擊落於半山附近焚燬	十五日
譚文	遼甯安國	一		一	喬司	十五日
范金函	河北清苑		一	一	擊落於東南廿公里	十五日
譚文 范金函			一	一	擊落於方山東南五公里	十五日
周庭芳	河南內黃	一		一	擊落於句容南京間	十五日
馬庭槐	廣東台山	一		一	擊落於鎮江縣屬華鄉山	十六日
劉依鈞	江西萍鄉	一		一	揚州擊中一架落於六合儀徵間目見焚燬	廿一日
趙乃俊 徐漢靈	福建 浙江		一	一	落於曹娥江間山中	十五日
楊辛癸 魏同方	安徽 江蘇		一	一	曹娥機場附近	十五日
陳有維 黃居谷	湖南 廣東	一		一	落於天王寺附近	十五日
劉熾徽 岑澤鎏	廣東	一		一	落於溧水附近	十五日

呂其淳	河北景縣	三		三	南京句容間	廿四日
					天長高郵附近一	廿七日
陳瑞鈿	廣東台山	一		一	句容	十六日
鄧政熙	廣浦高安		一	一	焚燬於上海江邊	廿三日
龔業悌	湖南湘潭	一		一	擊落廣德西北山中	十九日
敖居賢	遼章鳳城	一		一	聞落於廣德附近撞山毀碎	十九日
合計		二九二四	五	三六一		

附記，(一)敵機擊落後，屍身已由各地方政府埋葬，有案者計八十具，按其機種推測，其死亡人數，尙應有五十六人。(二)俘虜十一人，已解京者十人被逃正在戈緝者十人，共計敵死亡人員當在一百五十餘名。(二)此外被我擊傷者，或觸山，或沉海，預料當不在少數。(如九月六日據甯波防守司令王皥南轉據定海縣政府報告，有敵重轟炸機一架受傷後，沉沒於縣屬宮前島海岸，用竹竿可以撈看。)

八月份擊毀敵艦統計表

八月廿四日	吳淞口外	炸沉敵艦一艘沒於吳淞口外另一艦艦尾着火
八月廿日夜	吳淞口外	擊中敵艦一彈先後被炸敵艦因傷擱淺者二隻拖走者一隻
八月廿八日	白龍港	轟中敵艦起火艙面人員立即搶救
八月廿九日	泗礁附近	擊中敵運輸艦艦尾
九月一日	瀏河附近	命中敵艦彈藥庫見艦上爆炸多時有沉沒可能（夜二時四十分轟炸）

附記，本表所列，係目見證明者，此外尚有在夜間雖命中，以後不知下落者。

八一三以來被我擊沉炸傷的敵艦

滬戰發生以來，敵第三艦隊所有艦艇，迭遭我軍砲擊及空軍轟炸，損失極為重大，茲據調查：（一）敵魚雷艇比良號及保津號在瀏河被我擊沉。（二）驅逐艦十六號及廿八號在吳淞附近被我擊傷，（三）巡洋艦龍田號在浦江被我擊傷一洞，死傷官兵廿三名。（四）出雲旗艦在黃浦江被擊傷尾部，先後死傷官兵十五名，水手廿名。（五）巡洋艦天龍號及夕張號九月上旬在吳淞口互撞受損，已退回長崎修理。（六）巡洋艦長良號，在廈門附近爆炸，原因不明，死傷官兵五十餘人。（七）巡洋艦川內號，在吳淞江被炸，死官兵卅餘人。（八）航空母艦蒼龍號，自本月十六日起，在澳門附近擱淺，又第四艦隊驅逐艦冲風號失蹤，據查係在瀏河被擊沉沒。此外吳淞口另有一驅逐艦被擊沉，又二艘受傷。

（立報）

高泳著
丁布夫主编
中國的空軍出版社
空战史话丛书　第一种

丁布夫主編　空戰史評叢書第一種

夜轟淞滬漫憶

高深著

中國的空軍出版社印行
中華民國二十九年三月

目錄

一，夜轟志願隊的組成

「八一三」上海虹橋事件發生的次日「八一四」那天，我們就奉命出動，參加了這空前的，全面的，全民的，為着民族的自由解放而抵抗日本帝國主義的侵略的神聖戰爭。我們每個戰鬥員的內心都充滿着興奮，緊張，和愉快的情緒。每個人都希望着多攤派一次出發的任務，多得一次為國效命，炸敵復仇的機會。不久，我們的希望大都實現了。這眞是我們生平最大的樂事和莫大的榮幸！可是我們這個戰鬥單位（第×大隊）祇配合着友伴戰鬥羣在淞滬上空做了數度的轟炸任務，便感覺到自己的飛機性能實在是太差了。白日活動非常困難。作為一羣熱血青年的我們，雖然並不以此為意。自信憑了我們冒險敢行的精神絕對可以戰勝敵人所謂優越性能的飛機，然而長官却不願意我們遭受無謂的損失和犧牲。因此戰鬥剛才開始不久，首腦部的命令便又頒發下來，諄誡我們暫時停止白日在淞滬上空活動了。

從此，我們就只得天天在機場中倚身機翼默默地警戒着，心裏却無時無刻不在禱告，盼望新的出動命令快快再度降到我們肩上。

因爲狠毒的敵閥，醉心杜黑主義，天天派機由台灣跨海而來，到處襲擊着我們的飛行場，所以我們的飛機便天天的在移動着。數天以來，由首都而淮陰而滁州而蕪湖而合肥，差不多每天都在更換着陣地。二十日清晨我們已是移駐到合肥了。

二十一日下午大約兩點鐘的時候，由首都方向飛來一架達機，那是我們的大隊長陳棲霞和副大隊長李懷民同駕來的。雖然機場寥廓，各在一角，我們仍舊依稀辨認得出他們的面影來的。於是像一窩蜂，大家都由自己飛機的翼下飛也似的跑集到大隊長的前面來了。我們都在熱切地希望！我們希望他帶給我們新的作戰命令。帶給我們前方我軍的捷訊。

瞬息間我們全大隊駐在此地的同志都齊集於跑道的傍側了。那體格魁偉的×大隊長。開始對我們訓話了。他說：

「自從滬戰開始以來，我軍一向都居於優越的地位，節節勝利。步步推進。昨天我們的先鋒隊已突破了敵人最堅强的防線，一部份已經衝進匯山碼頭了。×司令官對我說。只要空軍能日夜的協助，給敵人以不斷的轟炸。預計在數天內，就可以將淞滬之寇兵全部殲滅。各位同志！這是多麼動人的訊息啊！爲了協助司令官的企圖，爲了完成這一偉大的計劃，現在決定組織一個夜間轟炸隊。這是目前最迫切的需要！但是本大隊的飛行員。有一部份是沒有受過夜間飛行的訓練的。所以不能像做別的任務一樣，一律派遣。依本人的意見是這樣：凡受過夜間飛行的訓練而志願參加的，請自由報名。尤其剛剛從航校畢業出來的見習官們，你們都是受過夜間飛行的良好教育的，更應該踴躍參加。現在爲經濟時間和愼重起見，就當場報告好了。（這裏他把語音更放大了）志願參加的各位！請快把右手舉起來！」

我聽了「自由參加」和「剛剛從航校畢業出來的見習官們……更應該踴躍參加；」這些句子時，我的熱血都沸騰起來了。「啊！這是我們再度上前線殺敵報仇千載一時的良機！」我的內心這樣地私語着。最後聽到「快把右手舉起來」時，我的右臂已不能自止地在顫動了。它時時刻刻都做着準備往上衝的姿勢。但因爲地位的關係，稍微壓制了一下自己的熱情！

我自己首先將手舉起來嗎？我心裏面想。但是，我還是一個初出茅廬的孩子，剛剛到隊上來不久的見習官。且捫心自問，對於夜間飛行方面又沒有多大的把握。學校所飛過的不過是那些小馬力的教練機，這種作戰的飛機在夜間一次也沒有練習過，而夜間長途飛行則更是門外漢。貿然擔起手嗎？能否勝任這種任務，眞成問題啊。思慮到這兒的時候，時間已很快的過去了！就在這個時候，我的血液已加速度的循環着，脈搏急劇的跳躍着。我受了愛國熱情的激盪，受了殺敵決心的驅策，爲着抗戰的前途，爲着自己的志願，於是，鼓起勇氣，本着不管成敗和得失，只顧是非和曲直的精神，不顧一切地握緊了我的拳頭用力的向着天空衝上去。（因爲當時精神過度的緊張，一不留意，拳頭竟擂破了站在旁邊的蕭分隊長的牙跟，流出許多血來。）立刻，全體炯炯的眼光都集注到我身上來。大隊長的臉上已現出了笑容，全場的空氣被我的拳頭一衝馬上開朗起來了。接着，祇在剎那間；又有九個有力的拳頭衝向了天空。

聰明的大隊長立即命令地說：「舉了手的同志請出列！」

我們聽了這個命令後，立即跑出原來的行列，站到另一個地方集合起來。大隊長命我站排頭。他拿了一本小册子紀錄着我們的名字。紀錄完畢，又重點一遍，喊着各人的名字：「高深，于亞傑，王健珍，張培義，蕭九韶，徐述仁，陳歷壽，劉景歧，彭仁忭，王孟悏。」一點完，對我們訓了一番話，就下令準備明天出發。

大隊長這來的任務已經完畢，便又起機伴着副大隊長向首都方向回航了。

我們十位自動報名的同志道合的戰友，大都是才從航校畢業不久的同學。我們從此更加親熱，更加友愛，更加關切起來。我們每個人的心中都希望着發揮母校的精神，貫徹我們的校長　委員長的「不成功，便成仁」的明訓，以期達到抗戰建國的最終目的。

二，開我空軍戰史的新紀元

八月二十二日清晨，天高氣爽，長空一碧，正是飛行的標準天氣。九時許我們十位戰友分別駕着六架達機，由蕭分隊長領隊，自合肥起飛，十時抵達首都，降落在大較場機場。

僅僅分別了一個多星期的南京總站，一切都有些改觀了。平坦的純然一色的機場已被敵彈光顧過，遺留下不少受過創傷的痕跡。巍峨的棚廠和齊整的營房，也有一小部份受了敵彈無情的狂炸，呈出現崩塌淩亂的狀態。但總站的辦公室和過去我們住過的那所樓房，尚亭亭直立，依然無恙。我們一齊進總站的會客廳時，一種艷羨的情懷更不禁油然而生。廳中一切的佈置都比戰前整齊美觀，還有戰前從未見過的東西，居然也淋瑯滿目了。如汽水，橘汁，冰淇淋，牛奶，水菓，餅乾之類的食品到處皆是。

「啊！這都是民衆們賜予與我們的慰勞品呵！我們吃了這些東西，應當怎樣的去拚命殺敵，保衞我們的領空，才能够不辜負他們的期望，才能够對得起國家和民族呢?!」

我這樣的一想，幾乎連吃都不敢吃了。因爲反躬自問，抗戰以來，對於國家民族的貢獻實在太少了。值不得民衆這樣的慰勞的。但繼而又想：「全面的戰爭現在剛剛開始，來日方長，我們爲國效命的機會多着哩！」於是，更堅決了對於自己夜間轟炸工作的信念。心裏老在盼望着天色快暗，好讓我們早早出動。

驅逐隊英勇的戰友們現在正駐防這裏，負着保衞大南京的使命。其中有些是和我們剛剛分別數天的朋友，現在已應刮目相看了。因爲他們那煊赫的戰績已把他們舉入空中英雄的領域裏去了。他們眞是天之驕子，整天在這裏吃着，玩着，警戒着，等候那木更津的笨牛又跨海而來給他們送禮，代他們造紀錄，爲祖國出氣，爲民衆復仇。自己心裏眞羨慕他們極了，有時竟抱怨起自己來：過去在學校分科時爲何不去學驅逐呢?!

我們進謁大隊長後，就在這裏休息。到了下午五時才起飛，由大隊長領隊向杭州方向成隊飛去。到達目的地——翁家埠機場上空時，已是薄暮辰光，落地後；黑暗之幕已經籠罩着大地了。

我們立即命總站的機械士們加油並掛炸彈，匆匆晚膳後，就攢聚在一處，共同研究着地圖，航行法及敵我軍前方之戰況。

一切都準備完妥後，大隊長立即派遣任務，指定各人飛機的號碼，以及出發時間和投彈目標。

我被派飛×××號機出發，時間是十時半，轟炸目標是楊樹浦之敵。

同機者是×大隊長。

時間很快地在匆促中溜去，我們出發的時刻一秒一秒地和我們接近了。時針的指針指着十點廿分的時候，我就開始穿好飛行服戴上飛行帽和眼鏡，走到×××號機的旁邊。先檢查炸彈架，看見那十顆每個三十六磅重的燃燒彈，已經很好的掛在機翼下的炸彈架上，用手搖一搖，很牢，任便怎樣的跳動也不會掉下去。一切都很妥善。於是，命機械士開車。發動機在轉動了。我就跳進座艙，打開儀表燈，檢查着我們夜間飛行最需要的儀器，羅盤，高度，速度，升降……等表，以及轉灣傾斜水平等儀。它們都在正常的位置中。接着就開大油門，試驗發動機，看着轉數表的指針，指着一千六百轉（每分鐘），表示沒有毛病。再看滑油溫度表和汽油壓力表，結果，都很滿意。於是就搖搖駕駛桿，查看操縱系有無毛病。樣樣都檢查完妥後，就用手勢指揮機械士拿開木楷。十時半已經到了，燈車已打開，黑暗的空間突然放射出一片耀目的光芒來。我開小油門，向燈車的方向滑走，對好了風向，順着燈光。這時大隊長也已準備完妥，爬進了座艙。我們慢慢地加大着油門，速度漸漸的增加了，飛機就離開地面，突出燈光的範圍，進入月光迷朦的夜的空間。我們在機場上空繞了一個圈，當即對正了羅盤，飛着五十度的方向，向目的地上海航進。同時，一方面也在逐漸地爬高。

摸着黑飛了三十分鐘左右，經過嘉興上空時，我機已經昇到一萬呎的高度了。前面隱現着一片灰白色的燈光，啊！大上海已在我們跟前了。

天氣是這樣的好，蔚藍色的天空掛着一輪皎潔如銀的月亮，她的周圍還點綴着一顆顆閃爍嫵媚的星子。可是月雖如何的亮，星雖如何地明，人在天空俯瞰地面時却仍然是模糊一片。只有湖泊河流和有燈光的地方稍微可以看清一點，其餘大都很難辨認，諸如公路，鐵道，村落，樓房，田野，山林之類，祇不過是看到一個輪廓而已。

現在是不要羅盤了。前面的燈光是我們最好的指針。我把機頭對準着它，經過了二十餘分鐘後，這座燈光已低伏在我的機翼下面，上海已經到臨了。

我們順着黃浦江航行，經過南市，公共租界，到吳淞江合流處彎向右轉灣進入楊樹浦上空。我全副的精神都貫注於目標的搜索，拿在地圖上習熟了的地形概念和目前實際的情況互相對照，判斷着：這是楊樹浦一些也沒有錯誤。看吧！吳淞江口往東北去就是百老滙路，滙山碼頭和招商局碼頭都可以看得很清楚。匯山碼頭往東去就是楊樹浦了。自來水公司和電力廠的電燈還沒有熄滅這是很好的證據。但是，心裏還是在考慮著，惟恐萬一投錯了目標，傷害友軍，那怎樣辦呢？正在考慮的當兒，敵人的探照燈和高射砲在我的脚底下蠢動起來了。這證明我的判斷是千眞萬確。從此沒有意外的顧慮了。

探照燈是過去夜間演習時已見過的東西，但是高射砲及高射機關槍這些玩意兒，今晚還是第一回在夜間和他會面呢！起初看見那好像放花筒一樣的東西，一串串，一顆顆，一條條，一綫綫，大的，小的，圓的，橢圓的，紅的，白的，綠的，灰的，五光十色，在空中橫衝直撞，心裏眞的曾發生過一種驚懼，精神也格外緊張起來。但是刹那間這驚懼，這緊張，又被復仇之心，雪恥之念所克服了。爲着任務的達成，爲著給打擊者以打擊，爲着以轟炸還轟炸，那驚懼之念，立即消逝，心境馬上鎮定下來。不顧一切的保持着原來的方向迫過目標，將帶來的炸彈一一地連續投去。投畢，就往右轉灣，我機已在我們的陣地浦東的上空了。但敵人的探照燈和高射槍砲，依舊瘋狂了似的亂照亂射着。

俄而，回顧着我的彈着點，知道我的燃燒彈已經發生作用，楊樹浦路已有幾處噴出殷紅的火花來。

「啊！火，復仇之火，雪恥之火，自由之火，解放之火，燃燒吧！希望你擴大起來，把這人間的醜類，把這世界的公敵，把這中華民族萬世的仇人，把這敵人藉借爲侵略根據的巢窟，把盤据在這巢窟中正向着我們民衆開始屠殺的獸兵，把敵會一週內佔據我大上海的狂妄計劃，把田中內閣「征服支那」和征服世界的無恥奏章，把敵閥一切的侵略野心都燒的乾乾淨淨吧！」

我俯瞰地面上殷紅的火焰，心裏不禁發出這樣的呼聲。

我在敵人上空反覆地迴轉了約近三十分鐘，一方面是消耗敵人的砲彈，一方面也為了觀看我自己培植出來的可愛的火苗。

後來，敵人的探照燈和高射槍砲漸漸地稀疏了，希望中的火苗也逐漸歸於烏有，使我異常失望。

夜間轟炸，在歐洲大戰的空軍戰史上已有這個名詞的出現。一九一七至一九一八年間，同盟和協約國兩方都利用飛機做過夜間轟炸的任務。但那時因飛機性能和種種關係，收效並不很大。後來航空器逐漸進步，而夜間轟炸，各戰術家都認為是最重要的一種戰法，列強各國這才把夜間轟炸隊的組織加強起來。但在遠東直到現在可說還沒有過這種名稱，而我們的夜間轟炸隊也不過是臨時湊合的一種組織，可是出乎意外地，他卻負了歷史上的使命，開了我國空軍史上嶄新的光榮的一頁！我們這回的嘗試，雖不敢說是成功，但已達成任務，奠定了我們未來的基礎。今夜我們的轟炸，不過是我們未來的神聖的夜間任務破題兒的第一章而已。來日方長，今後我們殺敵奏凱的機會多着呢。我心裏這樣想着，愉快地掉轉機頭，對好羅盤，飛着二百三十度的方向，沿原途歸航。

一時許，回抵出發點上空，沿着機場繞了一個圈子，開關了兩次巡航燈，做着這規定好了的聯絡符號，地面上知道是自己的飛機回來了，立即打開車燈。我沿着燈火的方向安然降落在機場上。

夜已深，天將曉，約摸在四點鐘的時候，我們出發的戰友們都完全奏凱歸來了。我們每個人心裏都覺得愉快和興奮，臉上都佈滿了笑容。我們

集合於司令台的休息室中，交互敘述了各人的戰鬥經過。×大隊長和×副大隊長也陪着我們談着笑着。他倆是我們的長官，平時我們對他們都存着一種敬畏之心，不大在他們跟前隨意縱談。但今夜看來，長官和部下之間的界限已經打破，彼此融成一片，好像朋友一樣，相互隨意的談笑着，於是敬畏之上又加上一層友愛的情緒了。×|大隊長曾含着笑這樣的對我們說：

「今天晚上各位到這裏來的同志，雖然通宵沒有睡覺，但個個都神采奕奕，精神倍於往時，可見精神『愈用愈多』這句話是不錯的。我們具有這種刻苦耐勞，忠勇奮發的精神，定可以戰勝一切。我們繼續不斷的保持下去，不久的將來定可以收獲良好的戰果，摧毀頑敵，達到我們最後勝利的目的。各位同志！你們非但是一個勇敢的戰鬥員，而且是一個創造我們空軍新的前途的先鋒隊。要知道，夜間轟炸在我們的空軍史上從未有過，（早晨或薄暮已有，但純在夜間未有過。）今晚是開了我們空戰史上一個新紀元哩！」

二，嗅着火藥的氣味

二十三日的晚上，因爲天氣不佳，不利於夜襲，我們休息了一夜。二十四日天氣好轉，我們就由建德（每天早上我們由翁家埠飛來此地，以避免敵人日間的襲擊，入晚又回翁來作任務）飛回翁家埠。降落時，已是薄暮天氣，月碧風清，又是夜間轟炸之良宵。一種愉快的心情油然而生，於是，立刻命令機械士們加油和裝彈。×大隊長也在場指揮。

我被派×××號機，同機者是我的知友于亞傑同學。我們倆能獲得這種良機，同駕飛機赴前方炸敵，同生死，共患難，眞有說不出的高興來。那時，一種親蜜之情，友愛之狀，實在不是一般手足，或者知友可以同日而語的。我們倆在未出發之前，就共同研究着今晚應飛的航綫，進入目標時的途徑，投彈的方法，趨避敵人高射砲火時的航向，遭遇敵驅逐機時的處置，以及前後座聯絡應用的一切符號。我們一一討論清楚，規定完畢之後，就在休息室中休息着，鎮靜地等候出發時間的到臨。

十一時半是大隊長命定我們的出發時間。我們做過一切出發前應做着的動作，就準時起飛。我們的飛機離地以後，上昇約有一千呎左右，我就對正了羅盤，向目的地航進。

因為這條航線，前夜我們已飛過了，有了相當的把握，所以沒有上次航行時那種惴惴不安的心情了。現在緊迫於我的腦海中的，只是一個意念：怎樣的投彈才能命中目標和消滅目標，以求收穫良好的戰果了。

當我機在松江上空，距離上海僅十分鐘左右的航程時，大約是有漢奸作了報告，敵人陣區裏的燈火突然全部熄滅了。愚蠢的倭寇，以為燈火一熄滅，就可以使我們搜尋目標困難了。其實，事實上恰恰和他的期望相反，這樣，我們搜尋目標倒反而更加容易，更加準確，更加的不易發生錯誤哩！因為公共租界非交戰國疆界內的燈火是瞭亮如舊。看吧！那五光十色的霓紅燈，還不是照樣的在那兒閃爍嗎？那黑暗的區域，不會告訴我們說：「這兒就是倭寇獸兵盤據的巢窟呵！」

我們今晚轟炸的目標是虹口敵海軍司令部。這是一個孤立的目標，命中非常困難。而且這龐大的建築是敵人經營經年用來作為侵略的根據地的，牠的工程非常浩大和堅固，破壞殊非易事。但是我們下了最大的決心，一定要完成使命，帶給牠一個嚴重的打擊和重大的破壞。當我機經過滬南區上空時，敵人探照燈和高射砲，已在那兒瘋狂似的發作了。

「任你自由去消耗你的彈藥吧，但無論如何，我必遂行我的任務！」

我先發現了一條線狀的東西伸展在地面上，我直覺地判定，這是由北站通到吳淞鎮的鐵道。那是虹口公園，那比隣公園的是靶子場。在虹口公園的南端，鐵道的右側，靶子場的左側，三面包圍着那個小黑點就是我們要破壞的目標——敵海軍司令部了。這時我的高度是一萬呎，當我機的位置和目標成為五十度左右時，我就推駕駛桿，把機頭向着它俯衝下去，速度急劇的增加，高度也迅速的損失，這個小黑點，愈看愈大了，現在，是現在我眼前的，不是小黑點，而是一座偉大的建築物了。我看見高度表只有兩千多呎了。我立即將手在一齊投下的投彈機紐上用力猛拉，機身突然受了一下顫動，證明所有的炸彈都一齊離開炸彈架，向着目標攢降下去了。

投了彈之後，我把駕駛桿用力向後一拉，轟一下，機頭立即騰昇上去。天啊！剛才全副精神都注意在目標上面，把一切都置諸腦後，生死早已付於度外了，現在定神一看，啊！怎樣了得！那些一串串，一條條，紅的，白的，大的，小的，玩意兒，已佈滿天空。往上看是如此，向下望也是如此，向前後左右環顧，簡直琳瑯滿目，我已在它的懷抱中航行，它已完全地包圍着我了。

「這一回可完了。假使眞的無能逃脫他的火網時，我只得再來施行一次最後的任務，以我的飛機和生命與敵人的陣地同歸於盡了。」

我這樣的想定後，什麼也不怕了。我還是保持着鎭靜的態度，利用着各種不規則的轉灣，在這惡劣的空際掙扎着。奇怪得很，凡是我機經過的途徑，那些一串串的東西，立即讓出一條航路來了。好像他們害怕傷害了我似的。其實倒是他的瞄準錯誤呢！我的飛機的位置漸漸地接近我方的陣地來了，我的心緒更加鎮定了，那知道時突然由虹口公園的方向對着我機射來了一道光芒。我知道我機的位置已被敵人發現了。啊！那射過來的火球都一個個地在我機的附近爆炸了，最後有一串又在我的前側方很近的地方爆炸了。我的飛機受那氣流的影響，突然擺動一下，接着一陣十足的火藥滋味撲鼻而來。但我的飛機仍然急速地前進着，證明它沒有受到傷害。轉瞬間，我的飛機已經超脫險境，離開敵陣，抵達了安全地帶。這時我的心裏產生了一種說不出來的情緒，只覺得是興奮和愉快。在回航途中，漸漸地感覺出自己的內衣好像水浸過似的都濕透了。這才知道在剛才那緊張的一剎那竟流出了那麼多的汗液呢！一時許，我們安然降落在翁家埠機場，滑走到停機綫時，我很快的就關閉了發動機，輕快地跳出座，同時子同學也跳下來。我們倆不由自主的互相緊緊擁抱起來，互相慶幸着彼此的再生。但是誰也說不出話來。

四，增添了生力軍

我們自從廿二那天晚上開始夜間轟炸的工作以來，大隊長派定每兩個人管着一架飛機，日夜都守在機旁，不得離開一步。夜間出發去轟炸歸來，稍微休息一會兒，黎明又要起飛到別的機場去，（差不多每次都飛往建德飛行場）藉以避免敵人日間的襲擊。但是那待避的機場又不是「堪察加」敵人隨時還是可以來光顧的，因之，又不得不預為防備，所以我們時時刻刻都不敢離開飛機左右。吃飯，休息，睡覺都在機場裏，陽光怎樣的厲害，天氣怎樣的炙熱，我們都不過問。蔭涼的機翼下面，柔軟的草坪上，是大自然替我們預備好了的眠床，我們往往躺在她的懷抱中做着美麗的夢。

17

陳大隊長看見我們十位同志這樣的夜以繼日的工作着，這種刻苦耐勞的精神，他覺得非常滿意，因之，就常常用言語來讚揚和鼓勵我們。同時，他又看見我們每個人的容顏都慢慢地消瘦下去，當然他心裏很明白，這完全是因爲幾天沒有充足睡眠的緣故。

的確，這時有些體格稍差一些的同志們，都已經感到極度的疲憊，很有些吃不消了。我雖然勉强支持着，但長此下去，也不能維持多久了。大隊長爲着顧及我們的健康起見，決定非補充工作人員不可，就在二十四日打電話去首都本大隊部，增調一部份同志前來參加我們的工作。

二十五日，第二批由首都調來的戰友：高謨，封仕强，嚴鎮川，楊伯康，曹子炎……等抵達杭垣，參進了我們的戰鬥行列。從此，我們不能稱爲志願隊了。而自從這些生力軍添進來之後，我們的組織擴大了，我們的力量也增加了。預想着將來的戰績也必與之而發揚光大起來。

五，永不歸來的兩位勇敢的戰友

二十五日的黃昏，我們由富春江南岸三面靠山的一個飛機場——建德，飛回我們的出發點翁家埠機場來。當我們下機的時候，大隊長對我們說：「今晚由廣德方面的友軍出動去作轟炸的任務，我們奉命休息了。」於是，我們乘坐着汽車，一同進杭城去。就寓宿於清泰第二旅館。恰好，剛由南京來的同志們也住在這兒。

我們僅僅分別了幾天，但好像已隔了半年似的，有許許多多的話，想向對方吐訴。因爲我們先到這裏來的同志們，差不多每人都做過兩三次夜間轟炸的任務了，因之談話的資料也增加了，各人都對新來的同志們敍述着各人歷次的戰鬥經過情況。大家正在興高采烈，談得津津有味的當兒，劉大隊長我們航行組進房間來，很緊急的對我們說：

「驅逐機的發現，嘿！剛剛接到邢（劍非）總站長的電話，他通知我說：『直接指在我們，廣德方面之友軍因準備尚未完妥，今晚不能出發了。仍然要我們這方面担任下來今夜的工作，並限馬上就準備出動。時間已不早了，（他低下頭看看自己左手上的錶）哦，已經十點鐘了哩！我現在派定四位同志，高深，嚴鎭川，彭仁忭，高謨。立即準備好。馬上和我一齊乘車到翁家埠去。」

我們四位同志，加上大隊長，一共五個人，乘着大隊長的小汽車嗚嗚地向翁家埠疾馳以進。平時車行須費一個多鐘頭，但現在僅經過四十多分鐘便抵達了。

我們回到翁家埠機場的時候，總站長已命機械士們代我們加油和裝彈

•一切都弄妥當了。

我的同機者是嚴錦川君，彭仁忭的同機者是高謨。嚴，高兩位都是今天剛來的新戰友。在未起飛之前，我們告訴了他們倆做任務時一切應注意的事項。而且我們今晚除去擲下原來的炸彈而外，還加上附帶兩口袋的傳單。散播下去這些傳單，正是坐後座者應做的任務。我告訴嚴君說：「我們投彈畢，接着就將傳單散發下去。」此外又和彭君協定着空中聯絡的符號。

一時許，我們才起飛。我機的夜航燈老是開着，使得彭君容易看見，向我左方來成隊。我在我們的機場上旋轉了兩個圈子，彭君的飛機也立即跟間轟炸的任務了後側方、佔有了一個警戒僚機的位置。但比較日間稍遠一嘗各人歷次的戰地向大上海航進。

當我們航行經過松江上空，距離上海已經很近了的時候，爲着避免敵驅逐機的發現，我們就把夜航燈通通熄滅了。

在我們尚未進入目標上空之前，敵人的探照燈和高射砲又和以前一樣地在空中亂照亂射了。我們根據當時的情況，臨時選擇了一個對於我們最有利的航路從泗西方而沿吳淞江進入。我們才航進到吳淞江和黃浦江合流的地方，從虹口方向突然射來一道强烈的燈光，已把我的僚機照着了。我的僚機就做了一個急劇的轉彎，脫離了隊形。但我仍然保持着原來的航向，沿着黃浦江前進。飛到楊樹浦上空時，到了投彈的角度了，我就一拿拉着投彈柄，一個個地將所有的炸彈連續地投下去。接着機君們又將帶來的雨袋和平的禮品贈下去。我們任務完成後，就向浦江東南岸做大坡度的急激轉灣。恰巧，這時敵人已測知了我的方向，那數十座探照燈和那大大小小不下數百門的高射榴砲，都一齊扎我們這邊還攻過來了。但我的位置已經超出這些砲火的射程，抵達自己陣地的上空了，於是我就不慌不忙地取著隔岸觀火的態度參觀那些手忙足亂的敵閥走狗們，去大量消耗他們用自國民衆汗血換來的彈藥。同時也考察我自己的彈着點。

楊樹浦那黑漆漆死也似的市街上，啊！已冲出十座光亮亮，活生生的，鮮紅的，火花來。每座的距離約五十米達左右。從上海機器冰廠起至大康紗廠附近止，一座座地連成了一條理想的直綫，眞美觀極了。這是我最得意的抗戰作品之一啊！我們在大上海上空盤旋了很久，一方面在搜尋着剛剛離我而去的僚機，一方面在偵察着敵軍的情況，再就是賞鑑我那用鋼鐵，炸藥和熱血寫下來的反帝和反法西的得意文章——正在燃燒着敵寇的火焰。

迴旋將近一個鐘頭，我機所剩下的油量也不多了，但是我那散失了的僚機還沒有踪影！我想，他們也許已經先回航了罷？於是，我就轉了一個彎，對好了羅盤，向著杭州方向飛回。

當我們降落在翁家埠機場的時候，已經是四點鐘光景了。一跳出機座，一看見迎面而來的機械士，首一句話我就問：

「彭仁忭回來了沒有？」

「沒有哩！」他們回答。接着又說：「為什麼你們今晚出去這麼久呢？害得我們担了好久的心！」

我聽了機械士同志們的話以後，知道彭高兩位尚未回來。我心裏真的有些焦急了，但總以他倆有了別的什麼耽擱，遲早都還是要回來的。

同時，我深深地感覺到我們每出一次任務，我們此間所有的同志都在期待着和担心着我們的一切呢！我們在職務上雖然有，飛行，轟炸，偵察，機械，……等的分別，但我們的目標是一致的，我們的生命是整個的，我們的勝敗和榮辱也是整個的。看！他們看見我們回來是多麼的愉快啊！當他們發見彭高兩位仍舊滯留途中時，他們又是多麼的躭心啊！這些都是親愛精誠，共同一致的精神的眞實表現。

時間一秒秒地飛也似的過去，四點半，五點，五點半，六點鐘了！天已亮，鮮紅似血的太陽已從海中湧出來了。但我們的戰友還沒有回來！於是，我們全塲的人的精神都緊張起來了。尤其是我更加着急，用電話四出尋查，都無所獲。我們暫時地感到失望了。過了數天，據情報，始知我親愛的彭仁忭和高謨兩同學已和敵人的陣地同歸於盡，作了最後的犧牲了！啊！親愛的同學！勇敢的戰友啊！我和你倆在敵空剎那間的分離，那知，豈成爲永訣了！怎不令人傷痛呢！但傷痛是沒有用的，我們革命的軍人是寧可流血而不流淚的。你們已爲黨國盡了最大的責任，你們的成仁也就是你們的成功，你們可以無憂無慮地安心於九泉，你們的精神是如日如月的永留於人間。你們剩下那未完的工作，和未遂的志願，我們後死者自當繼續着你們大無畏的犧牲精神，勇往邁進，以求達到那最後勝利的目的。

六，謝謝敵人的高射砲隊

夜間轟炸最感困難的，就是隱蔽目標的搜索，譬如敵人第一綫的陣地，和宿營地，流動的指揮部等，這些目標的轟炸，如在日間舉行，還須要靠正確的情報，和地面友軍的幫助，（給各種符號指明敵人的位置）以及對地形十分嫻熟，才能够收到預期的效果。但在夜間即使有了這些條件，却還不敢說一定能够獲得預期的成就。我在夜間轟炸的過程中，有好幾次奉命做着這樣困難的工作。轟炸目標都是敵人第一綫的陣地和剛剛登陸的敵兵。現在將記憶所及的分述於下：

（一）吳淞口之役——頭一回是八月二十七的夜間。我和老夥伴于亞傑同學同駕×××號機，攜帶破壞彈十個，附傳單一袋。十一時由翁家埠出發，十二時抵達目標上空，故意盤旋一周，等到敵人的高射榴砲開始向我們射擊之後，利用高射砲的位置，我們重行判斷敵人的主陣何在，知道後，便對準這點，第二次進入。這時，才將炸彈投下。當時，僅祇看見彈着點的火花，但是炸的效果如何，却不能預斷。過了兩三天以後，接到地面情報，才知道這一回炸得不壞。第二回，炸這同一目標時，是八月三十一那天晚上。當時敵人的陣地比上次擴大不少了。吳淞鎮附近都被他們佔據，投彈描準雖然比上次容易，但我為求愼重和獲得比較良好的戰果起見，仍然採用過去的老法子，先轉一個圈子，等到敵人的歡迎禮砲發出後我才進入，將我們辛辛苦苦帶來的禮品贈給那些不知末日將至的敵人。

（二）獅子林之役——敵人在吳淞口和獅子林一帶，是以兵艦大砲和飛機炸彈的掩護，同時相繼強迫登陸的。由吳淞口祇飛幾分鐘便到獅子林，這比鄰的地區在空中看了更加貼近，好像有一線之隔似的。但這些目標不若楊樹浦，虹口，那樣的顯著，夜間搜索，眞費工夫。九月六日那天的晚上，我們就奉命轟炸這個困難的目標。十二點五十分，我們自翁家埠起飛，攜帶的也和上次炸吳淞口時一樣：十個破壞彈和一袋傳單。同機者也是于亞傑同學。二時許到達目標上空，搜索了十幾分鐘始行投彈。這一回目標的決定，除利用敵高射槍砲的指示而外，我方地面部隊所給的紅（指示敵人方向）綠（指示友軍方向）燈光的幫助，實在也功勞不少。所以這一回的工作也能達到了所希望的目的。

（三）寶山之役——現在我們一提起寶山城，就會聯想到姚子青全營官兵忠勇殉國的壯烈史實，不由的就會肅然起敬，泫然淚下。在這城淪陷後的幾天（那是個什麼日子，現在記不起了）我們就奉命轟炸牠，給我全營的忠勇烈士們復仇。你想，我們獲得了這一個命令後，心裏是如何的快慰啊！這一回我的同機者還是我那生死與共的子嗣同學。攜帶炸彈數量也和上次炸獅子林時一樣，都是破壞彈。起初我們是奉命炸城裏的，但當我們抵達敵空時，看見敵人的高射槍砲，都在城的東南方向，離城十餘里，依當時的情況，我判定敵人的主力就在這高射砲火密集的那塊兒，我就不顧一切的通過這槍林彈雨的上空，將所帶來的炸彈都一齊投在這一塊兒，後來據地面情報說，這一回炸死敵人官兵一百多，燬壞敵人大砲數門，高射砲被炸損的也不少。

以上數次的夜襲目標，本來都是不十分容易搜索的。在未達成任務之前，心裏都戰戰兢兢，如履深淵，如履薄冰一樣的焦慮着。第一，怕炸彈偏差了，損害及友軍；第二，怕命中率不良，枉費彈藥。但每次都從敵人的高射槍砲的位置上去推測和判定目標的所在，獲得了敵人的指示，所以我們每次投彈非但沒有多大的偏差過，而且都能一一收穫相當的效果。這些往事，現在回想起來，是怪有趣的，怪快人心的。我真應該謝謝敵人的高射砲隊呢！

七，敵寇改變了防空戰術

驕傲的，目空一切的，號稱無敵的「皇軍」的敵人，眞料不到在淞滬會被我們忠勇的衛國的戰士打得焦頭爛額！假使不是數度的增援，恐怕早已被我們全部解決了。他們更料不到中國會有這樣的空軍出現。在驅逐隊方面，已把他們最精銳的木更津航空隊打得落花流水，全軍覆滅。在轟炸隊方面，則日以繼夜，不辭勞瘁，奮勇的在轟炸着敵艦敵陣以及敵人一切的軍事措施。近兩週來，我們繼續不斷的夜間襲擊，已使敵人在物質方面受了很大的損失，在精神方面感到莫大的威脅。我在每次夜襲中，看見那些愚蠢的殘暴的敵兵手忙足亂的，胡亂地探照着的探照燈，和毫無瞄準，祇是瘋狂地亂發射的高射槍砲，便想像到他們那種混亂，恐慌，狼狽的情況了。

起初到這裏來工作的祇是我們十二位，到了第四天，大隊長增調來那批生力軍之後，我們的戰鬥力便大大的增强了。每個人努力和拚命的結果，我們的戰績愈來愈可觀了。上級指揮部認爲非常滿意，於是，就將全大隊所有的空中勤務人員都調來參加這個工作。從此，我們的力量更加雄厚，我們出發的次數也更增多了。因之，敵人所受的襲擊更加危殆，敵人所消耗的彈藥更加衆多，敵人所受的損失也更加嚴重。在這種情形之下，當然對於我們的夜襲要想盡方法來抵禦，現在，他已在採用他的新防空戰術了。

九月九日的夜間，這是一個明朗的月夜，風和氣暖，正是夜間飛行的良好天氣。今夜我的同乘者是一位初次參戰的同志趙家義君。我們駕的是

×××號機，這機是剛剛從別的地方飛來的，才翻修出廠不久，馬力很足，一切儀表也很準確。我們帶了一百磅爆炸炸彈四枚，轟炸目標是楊樹浦。十時四十分起飛，十一時半抵達目的地上空。

往常，我們的飛機只一飛進敵陣上空，和我們注意搜索目標的同時，那些令人討厭的高射砲彈便襲入我們的眼簾了。但這一回奇怪得很！怎麼這些花樣一些也看不見了呢？楊樹浦，虹口，軍工路，和吳淞口一帶，除去其中有幾座中立國的燈光而外，其餘都是一片灰暗，死城似的寂然無聲無色，我心裏懷疑：「難道敵人已經退出這些地方了嗎？抑是完全被我軍殺乾淨了呢？但剛剛指揮部來的命令還是要我們轟炸楊樹浦一帶，上峯的命令大概不會錯的吧！或者是倭鬼在鬧什麼鬼伎倆了？」

管不了這麼些，來按着命令去實行我們的任務，是不會有什麼錯失的。

當我機才一超過自來水公司的上空時，（因為怕彈道偏了，瞄着自來水公司，故等到超過了才投彈）我就開始拉着投彈的排把，對準了目標，用力一個個的連續拉了起來。所有的炸彈都一一地投下去了。約經過數十秒鐘的光景，我俯首一瞰，哦！我的炸彈已命中了建築物正在爆炸，熊熊的火燄冲天而上！同時敵人已死去的高射砲和探照燈又蠢動起來了！閃電似的，暴雨似的東西，在空中照耀着，噴射着。公大紗廠那兒忽然冲上一串巨彈掠過我的機翼旁邊，冲上了我的頭頂，險些把我的飛機命中了！我見狀立即做不規則的急劇轉灣。瞬息間，我機已超出牠的射程之外。這時，它對我已可望而不可及，我就把它當作小孩子放鞭砲一樣，怪有味道的欣賞起來了。

敵人採用這種戰術，的確是進步多了。在我們未投彈之前，他們不採照，不射擊，有很多利益：（1）可以減少彈藥的消耗。（2）避免爲我們指示目標。（3）等到我們投彈完了時，我們飛機的位置，一定都在投炸地點附近的空際，集中火力向之射擊，容易給我們重大的打擊。總之，剛剛這種情況；假使是一個初上戰塲的孩子遇着，一定感到手足無措，不知如何是好的。但逢着在戰空上已經有了相當經驗的我，對於這些老把戲，已是司空見慣了。沉着地執行着我神聖的任務，毫不爲其所動，任他敵人的陰謀怎樣的毒辣，敵人的戰術怎樣的變遇，敵人的高射砲火如何的厲害，但我們不顧一切犧牲，誓必達成任務而後止的決心，是始終如一的。

八，消滅敵人的新陰謀

自上次夜襲歸來，發覺敵人在應用着他們的新戰法後，我們便以之爲研究和討論的資料。研討的結果，產生了一種對付的方法。下面這一段經過，就是我們新方法應用的成果哩！

九月十一日之夜，我們又奉命轟炸楊樹浦之敵，我們的是×××號機，同機者是曹朝覺君。攜帶燃燒彈四枚，破壞彈六枚。九時四十分自翁家埠起飛，十時四十分抵達目標上空。情形和前夜差不多，敵人佔領了的區域，死城似的躺在灰暗的地面上。好像在等候它的末日之降臨似的。

由上一次的經驗，我們曉得在我們未投彈之前，敵人是不會對我們射擊的。但我仍然保持着固有的高度，以免不測。通過楊樹浦上空，描準了匯山碼頭（這時已是敵人的根據地了。）投下一顆炸彈，就向對岸那邊，做大坡度的轉灣。

轉瞬間，我們就脫離了目標。霎時，在我們意料中的敵人的高射砲和機關槍的子彈就一串串地接踵而出現，飛滿了天空。那幾座探照燈像活龍一樣在天空中亂滾着，有一度曾經照到了我機的右邊機翼上，我急速地往左邊一轉，運着做不規則的飛行。一會兒，他們就找不到我的去向了。

我向東海方向飛了一會，回頭一顧，看見敵人的探照燈暫時熄滅了，高射砲火也暫時地停止下來。我才飛轉回來，再對正着楊樹浦，從長江方面進入，重行通過目標。這一回把所有的炸彈都一一地連續投下去。炸彈爆炸後，像剛才的一幕又在敵人的陣地上空重演起來了。

敵人的新企圖可說是完全失敗了。因為現在我們已經針對着敵人的新陰謀實行了我們的新計劃。過去我們差不多都是一次的將彈投完。現在我們改為兩次或三四次了。且每次必間隔相當時間。這樣一來，敵人更加疲於奔命。過去只作一次的對我機射擊，現在改為數次了，其消耗的彈藥量也必因之而更多更大。在我們方面就比以前更加有利，一則可以延長敵人的空襲時間，使他們精神上受到重大的威脅；再就是多次的通過目標比一次的通過目標，描準較為精確，命中公算也較大。從此敵人所採取的新防空戰術和新陰謀完全被我們所殲滅了。

九，美酒與戰爭

一般人士往往喜歡把英雄和美人相提並論，引爲佳話。但很少聽見有人把美酒和戰爭湊合在一塊來談論的。在事實上，美酒與戰爭的因緣，是和英雄與美人一樣，極其密切的。稽考史乘，實有不少關於美酒與戰爭的資料，堪稱可歌可泣的事蹟呢！如：「勸君更盡一杯酒！西出陽關無故人。」又如：「葡萄美酒夜光杯，欲飲琵琶馬上催。醉臥沙場君莫笑！古來征戰幾人回！」由此我們便知道我國歷來送別軍人出征都是以酒餞行。因爲酒富刺激性，飲得適當，可以解愁，可以忘憂，可以使人興奮，可以增人勇氣。但飲之過度，當然又當別論了。戰爭的性質也和它差不多。如係

51

爲正義，爲人道，爲自由，爲解放，爲生存而發動的戰爭。（如我們這次

的抗倭圖存戰爭）是對於全人類都有益的。反之，如保法西斯瘋狗們所發動的侵略戰爭（如敵人侵略我的戰爭），不待說，也如過量的飲酒一樣，對於人類有莫大的危害。美酒和戰爭關係的密切，我們都完全明白了。現在讓我開始報告，我在夜襲工作中的一段關於美酒和戰爭的故事吧！

九月十五日，我們的戰友徐君和辛小姐在杭城天香樓菜館舉行結婚盛典。當時，航校已他遷，留在杭州的空軍同人，除總站有一部份外就是我們這個夜間轟炸大隊了。因爲是我們戰鬥隊伍中的戰友的佳期，所以我們都在百忙中前來參加了這個盛典。我個人除去作來賓外，同時還擔任招待的職務。因爲來賓大部份都是我們的老友，所以招待的任務是極其簡單的。下午五時半行禮，六時入席。

嘉賓美客，紅男綠女，濟濟一堂，談笑風生，勸酒興起，引觴持杯，互相趨飲，興高采烈，歌舞昇平，好像承平世界，國家無事之秋似的。有誰知道等一會兒我們就要出生入死到槍林彈雨之中去呢！

我雖然不善飲酒，但因過分高興，也喝了兩杯。立即臉紅耳赤，微有醉意。但席間的來賓們，以爲我係僞裝，故意和我爲難，要我多乾幾杯。我自度自已的酒量，不論如何，無能再喝，再喝了就要貽誤國家的大事了。多方避免，竭力推辭到了不得已時．我才對她們解釋着說：

「諸位小姐！謝謝你們的盛意，我實在不能多喝了。因爲等一會我們還有一件很重要的公事要辦呢！」

「這時候，已是晚上了，還有什麼公事啊？騙人！」她們以懷疑的態度辯駁着。後來我爲了要爭取「最後勝利」就請出主人徐君來給我證明。這些刁皮的孩子們，才停止了對我的集中攻擊。

七時半，正是男女來賓們鬧得興趣最濃的當兒，也就是我們該開步走的時候了。於是我們今夜負有轟炸任務的人，我和盧鴻飛，蕭九韶（還有的忘記了姓名）等，就由各人的席間站起來，一同去和主人辭別。因為徐君已知道我們要回翁家埠機場去做任務。故也不加挽留，可是全體男女來賓數百道炯炯的眼光却都集中到我們幾個人身上來了。我們毅然地辭別了這紅燈綠酒，暢飲高歌的場合，而登臨那為民族求解放的神聖戰場去了。

我們走到門口，總站派來迎接我們的汽車已在這兒等候我們了。我們登進車廂，立即向目的地開行。經過筧橋，喬司，約費了五十分鐘左右就抵達翁家埠機場。

今晚的天氣，實在不大好。空中遍佈着層雲，地面又能見度不良，好像敷陳着一層薄霧似的。月亮已失去了光輝，大地完全籠罩在黑暗的氛圍中。

第一批出發的是蕭分隊長。約經半小時後，他又折返本場。他說：「嘉興和平湖附近的天氣，比這裏更壞，因爲不能通過，才又轉頭飛了回來。」

十一時是我出發的時間了。本來張代大隊長毓珩（陳大隊長和李副大隊長均已他調了）對我說：「高深！那兒天氣旣是那末壞，蕭分隊長都回來了，你可以不必去了！」

「報告副大隊長，天氣是刻刻在變化。剛才那兒天氣是不好，也許現在變好一點了。並且各地的天氣都不一致的，嘉興和平湖附近不好，我可以繞道從海鹽，海甯，沿海邊去，讓我去試一試吧！」我向副大隊長央求似的說。我覺得，多出一次任務，就是多給敵人一次打擊；多給敵人一次打擊，就是我們獲得最後勝利多了一分把握。這個良好的殺敵機會，那裏能夠輕易的把牠放過去呢！不論天氣如何的惡劣，我都得用盡一切補救的辦法，來達成我們神聖的任務。

得到副大隊長的許可之後，我居然按時的起飛了。起飛後一會兒，回看自已的飛行場，已被黑暗所阻，看不清了。視線特別的壞，能見度僅有百米左右。幸虧我對於這種飛機的性能已經嫻熟，並且得到儀器的幫助，所以才能決然和這些雲霧奮鬥到底。

起初是按着航向對着對盤的度數飛，將近嘉興上空時，雲高不及五百呎，上面是濃雲，下面是密霧，實在不能維持原方向航行了。於是，我就掉轉機頭，向東面天氣較清朗的空際飛去。到了乍浦附近時，雲比較高了些，但能見度仍然不佳，我飛低空，沿着海岸往前航行，到了南匯附近時

•上海的燈光隱約可以看見了。我才拉了機頭往上爬高。

十二點二十分，我竟然以大無畏的精神，克服了這惡劣的環境，到達目的地上空了。我們的飛機高度比平時低了兩三千呎。現在看着高度表的指針，僅有六千呎！但在我機的底下尚浮泛着一朵朵似斷似續的白雲，有時把目標幾乎全遮蓋了。我盤旋許久，才找到一個清朗的空隙。看來恰是我今晚所要炸的目標——虬江碼頭。立即將炸彈完全投下去。投彈後，我自己覺得我機的位置太低了。恰好是高射機關槍和小高射砲最理想的射擊目標。於是，我直覺地就向虬江碼頭的對岸一方面轉灣，一方面大角度的俯衝下去。到了我們陣地上空時，僅剩四五百呎了，我才把機頭拉平。回首一顧。果然在我意料中的敵人那密集的高射槍砲彈下雨也似的在剛才我投彈的位置上空爆炸起來了。假使我稍微猶豫或遲疑一點，那就糟了！現在該當他們的活靶，任他們射擊了！我對於我這一回的處置，認爲很適當，很滿意。自已在慶幸着自已的成功，又看見虹江碼頭一帶已冲出無數鮮紅的火焰，我知道這是炸彈擊着建築物或軍用品等爆炸的現象，我更加的感到愉快了。我這一場的苦鬥已在敵人身上索回了相當的代價了。

我這次之所以能克服惡劣的環境，達成這艱難困苦的神聖任務，完全靠我當時的決心和勇氣。這決心和勇氣經過那適當的合度的美酒的刺激，格外昂揚了。所以我以爲美酒對於戰爭是有着相當的聯繫的。

十 雙重任務

自從徐君佳期那夜出發回來之後，天氣就變壞了，而且沒有月亮。細雨濛濛，日夜不停。我們的工作也因之而停頓下來。這時，前方地面部隊正在激烈血戰着，他們無時不盼望我們的協助，可是天公偏不作美，奈何奈何！我們只得枕戈待旦，默禱着天氣早日放晴。

受到天候的限制，這是夜間轟炸途行任務上最感覺遺憾的地方。我想，將來航空器設計上和飛行技術上若是有了進步，這種牖絆一定可以打破的。

九月二十五號夜間，這是雨後初晴的天氣，秋高氣爽，月碧風清，正是夜間飛行的標準天氣。

59

是夜，我奉命駕×××號機，攜帶燃燒彈十枚，傳單一袋，同機者是盧鴻飛君，出發時間是十二時半。

在我未起飛之前，已有一批戰友先行出發，這一批戰友，就是：劉鼎政和新婚的徐述仁兩同學。他倆起飛的時間是十一時。當他們對好方向，開大油門在起飛的當兒，我們都站在司令台（翁家埠機場）前面觀看着。因爲他們沒有利用機場全長的地方，却對着那東北角有石堤的方向起飛，故我們都異常爲他們担心着。看見他們的飛機將撞到提了！還不離地，我們更加心急起來。大約他們也已發覺前面的障礙物了。於是，猛的一拉，飛機馬上離地上昇，但瞬間就失速下來，轟隆轟隆！我們聽了這個不祥的聲音後，我們直覺地已知道發生了不幸的事情了。於是，我們飛也似的跑去失事的地點，去救護我們的好戰友。

當我們跑到他們失事的地點時，看見飛機大部都摔碎了。發動機部份已脫離了機體。跑到堤上的竹林邊看見機身和發動機銜接的部份已掛在堤上，兩翼和起落架都全毀了。祇有機身座欄部份比較完整些。十個燃燒彈也淩亂地躺在地面上，我們也不管它會不會爆炸。我們只顧拚命的跑到座欄旁邊，把劉徐兩君救出來。那時他們倆都因為受了極度的震盪，神志昏迷過去了。封仕强君的力量比較大些，就從前座把那肥胖的劉君抬了出來。我就從後座用盡全力把徐君抱了出來。接着救護車也開來了。我們就把他們倆一同抬進車中去。這時劉君也蘇醒過來。徐君也在呻吟。於是我們心裏才慢慢地安定了下來，曉得他們的傷勢沒有什麼重大的危險了。張代大隊長也來了，他馬上派今晚沒有任務的同志跟着汽車送他倆到杭城，進醫院去。

今夜劉徐兩君是受了重創了。我們這個戰鬥隊伍中又暫時減少了兩位英勇的戰士，這是我們的損失啊！同時，我看見那躺在血泊中的戰友，覺得無限的同情和悽惻。尤其是新婚的徐君，一對新人兒正度着甜蜜生活的當兒，受此重創，更令我們格外的惋惜。（徐君已痊癒，伍××教官，劉君則倘在××休養所）不過這祇是私人感情作用而已。站在國家民族的立場，這種兒女似的私情是不應該存在的。只一會它們就烟消雲散了。我們看着眼前的困難，看着敵寇的强梁，想起自已的責任，想起了我們的校長蔣委員長親手訂給我們的信條和訓條：「……空軍的決心要與目的物同歸於盡。……空軍的犧牲精神是要有不再生還的血性。……我決心犧牲個人，盡忠報國而來學習空軍。……我決心犧牲個人，報仇雪恥而來學習空軍。……「……爲國捐軀，爲空軍救國，殺身成仁的精神。……」我一條一條的在心裏默念着，現在就是我們身體力行這些信訓的千載一時的機會了。所以我們不怕損失，不懼犧牲，必須前仆後繼，踏着勇士們的血跡前進。愈挫愈奮，再接再勵。誓必達到取得最後勝利的目的而後止。

十二時半，是我們出發的時候了。我平復了剛才洶湧的思潮，心平氣靜地登進我的機座。格外謹愼地檢查着炸彈架，飛機各部份，以及一切應用的儀表。對好了方向，並利用機場最長的位置，慢慢地開大油門。速度增加後，我的鐵鳥兒就安然騰飛到空中了。

一時半抵達目標——鋼工路一帶上空，在未投彈之前，我心裏想：

「今晚我們負的是雙重任務啊！劉徐兩君未完的工作也加在我們的肩上了。我們這一回的投彈對於瞄準應該如何的注意啊！我們要使每一顆炸彈都能發揮它最大的威力，以求收穫最大的效果！」

正在思維的當兒，目標到了翼膀的下面了。我為慎重起見，再轉了一個彎。到了第二次進入時，才投下一半（五個）炸彈。隔了廿分鐘左右，待敵人的高射砲火停頓了，再行通過目標。這一次才將所餘的炸彈完全投下了。投畢，敵人那套老片子又重映於夜幕之上了。我急快地就轉了彎。沿浦江而上，準備回航。在回航的當兒，回首視察我們的彈着點，眞的，如我們所希望的，軍工路已有數處在燃燒着了。那黑暗的敵空，已冲出鮮紅瞭亮的巨火了。當我們回到嘉興附近時，尚可以看見一片冲天的紅光哩！我心裏突然生了一陣快感。想着「我的炸彈眞的在發揮它的最大威力了。」

翌日，據地面情報說：「昨夜我機又顯神威於淞滬上空。此役計焚毀敵樓房十餘所，兵營數處，斃敵官兵兩百餘，又燬敵軍用汽車及軍用品甚夥，敵人損失奇重云。」我們聞之，無不額手稱慶。

十一　炸毀敵人的彈藥庫

敵人不斷的增援，傾其海陸空之全力來攻略我們的淞滬。可是我前方將士以忠勇的抵抗，給了敵人極其重大的打擊。兩個多月以來，消耗戰的目的是完全達到了。此後，我們爲了保持我們長期抗戰的力量起見，不得不漸次做着有計劃的後撤。因之，敵人的佔領區域也漸次擴大，而我們夜間轟炸目標的搜索也更加容易了。

楊樹浦已成爲敵軍後方的根據地，一切糧草彈藥倉庫都集中於此，所以我們轟炸也以此爲主要目標。

十月二十一夜，我們轟炸的目標又是敵人倉庫的所在地——楊樹浦。

我駕着□□□號機，同乘者是劉啓東，攜帶燃燒彈十枚，傳單一袋。

九時半由翁家埠起飛，十時半抵達目的地上空。對準了目標，很迅速的將彈投下去。剎那間，那幾架的敵人又重演起他的老把戲來了。

這一回，我是由長江口那邊進入目標的。而投彈的方法，則係採用單一連續和一齊投下兩種方法的聯合應用。起初我單一地連續投了一半以後。剩下來的就一齊投下去。在我最後一次做一齊投下的當兒，忽然兩盞交叉的探照燈把我照中了。接着密集的高射砲彈對準我射來。我急忙地做着不規則的轉彎。通過公共租界後，敵人的照射已對我沒有作用了。徒自消耗了他一些彈藥而已。

我的飛機已飛到滬西我們的陣地上空了。我又照例的，回首去觀察我的彈着點。啊！成績眞不壞呀！楊樹浦已燃起數座復仇之火了。我們——劉啓東君和我來往梭巡的觀望着，約經數分鐘後，其中有一支火苗突然地向周圍膨脹開來，輻射着，立即變成一座偉大的巨火。伸長的火舌在空中隨風搖擺着。好像要舐盡所有的敵寇似的。這樣偉大，美麗，鮮艷，和壯觀的巨火，自我兩個月夜襲以來還是第一次的看見呢！我想，這一定不是燒着普通的房子了。必是炸中了敵人的要害，要不是命中了彈藥庫，恐怕不會有這樣劇烈的爆炸現象吧！我心裏雖然這樣想着，但不敢武斷炸的究竟是什麼。我只深信着我投下的鋼鐵和炸藥已獲得了重大的代價了。

我很愉快地轉了機頭，沿着原航路，奏凱而歸。當我機過了嘉興上空時，後座的劉君忽然站起拍了拍我的肩膀，我以爲發現敵驅逐機了。那知他是指示上海的方向，要我回頭一顧那冲天的火焰呢！我看見他那副笑臉和手舞足蹈的樣子，知道他那時眞是極度的興奮和極度的愉快了。

喜出望外的，翌晨，我們地面的情報還沒有接到，從東南日報上已知道我們昨夜轟炸的確實的戰績了。報館用頭號字標題着：「我神勇空軍夜襲敵寇，又建奇勳」內容說：「……本報駐滬記者訊，昨夜十時半我機一隊飛滬夜襲，在楊樹浦投下大量炸彈，炸燬敵之彈藥庫，一時爆炸之聲，響徹全滬。燃燒至黎明始熄。聞敵此次損失慘重，價值在百萬以上，我機任務完成後，即安然返防。」讀了這一段新聞，我才深信自己的猜度並無錯誤。

十二 最末一次的夜間轟炸

十月二十五夜，天氣晴朗，月亮皎潔如銀，空中無片雲，地面無點霧。能見度很好。正是上天賜給我們殺敵的良宵。

我們當然不肯錯過這個好機會，我駕着×××號機，同機者是萬嘉鵬君，攜帶了炸彈和上次一樣，一點鐘自翁家埠起飛，又向着楊樹浦飛去。

過去我們往往喜歡沿着海邊航行，但現在已不可能了。因為乍浦附近困泊了數十艘敵艦，企圖登陸，我們不能給敵人知道我們的航綫。因為敵人知道了我們的航路後，就可以推測出我們的根據地，使我們的工作陷於不利的地位之中。而且還可派遣驅逐機沿途攔截，阻止我們達成任務。所以我決心，寧可稍偏左一點，但不可偏右。就這樣決定飛了三十五度，到了蘇州附近，才改正機頭對正目標飛去。

從滬西進入目標上空，到投彈的角度時立即拉着投彈柄，將所有的炸彈一個個地連續投下去。投彈後，敵人的探照燈，和高射槍砲，又照例的演奏他的老把戲了。這些花樣，我們已是司空見慣視若無睹了。但現在最值得我們担心的，是那分批在空中巡邏的驅逐機！

我又俯瞰着我的彈着點，啊！眞的美觀極了。十個排列成行，好像農夫插秧似的整齊的火苗，在地面上生長着，出發輝煌燦爛的金光，照耀着這灰暗的空際。我想：「這次轟炸的效果必不下於上次哩！」

我們自到翁家埠開始我們的夜襲工作以來，算來已是兩個月零三天了。我的出發的次數，算來將到二十次了。每次都能達到任務，以轟炸還轟炸，予打擊着以打擊。這是人間世最快樂的事情，也就是我最喜歡做的工作。我正希望着，繼續不斷的做下去，二十一，二十二，二十三，三十，四十……一百，直到敵人退出我們的領土而後止。那知，敵人在乍浦的登陸，竟影響了我們全般的戰局，同時也威脅了我們的夜間轟炸根據地——翁家埠，我們不能在這裏長住下去了。不久就奉命調離此地，我們的夜間轟炸，也就休止下來。啊！誰料得到十月二十五之夜，便是我們駐翁夜間轟炸的最末一次了呢！

十三　尾聲

時間似電般的過去，轉瞬間，我們神聖的抗戰已是兩年又三個月了。在這兩年多的抗戰過程中，我除了負重傷後住了一年醫院外，始終是廁身於戰鬥的隊伍中，做了一名空中小卒，努力地盡了我應盡的責任的。但自愧力薄，在這樣一個大時代裏，對於國家民族只有這一點貢獻，實在是太少太少了！「國土未復，軍人之恥。看着吧！兩年前我們夜間轟炸的根據地——翁家埠，我們空軍的搖籃地——筧橋，已被敵人奪爲己用，做了屠殺我們同胞的根據地了。啊！不止這啊！還有我們駐紮過的首都，南昌，蚌埠，滁州，合肥，漢口，等飛行場。現在都成爲敵寇空軍的巢窟了。這是我們最大的恥辱啊！這恥不雪，何以偷生？這寇不除，何以苟活！我們的國難是一天天的加深，我們的責任也一天天的加重了。但「多難可以興邦。」我們只有本着 總理的遺訓，在我們的領袖 蔣總裁領導之下。以必勝的信念，抱必死的決心，誓必奪回復興，收復失地，獲得最後的勝利而後止！

檢討過去，是策勵未來的最好方法。近來每於暇時，作戰鬥生活的回憶，對於兩年前這一段緊張的，熱烈的，在東戰場上空夜間轟炸的事蹟，總不免一幕幕地重又映到眼簾上來。現值戰鬥之餘，特爰筆追記之，以爲紀念，並藉以鼓勵將來。

丁布夫主編　空戰史話叢書　第一種

夜轟淞滬漫憶

作者　高　深

發行者　中國的空軍出版社
成都二一十四號郵箱

中華民國二十九年三月初版　每冊實價四角五分

丁布夫主編

空軍文學叢書

光榮的紀錄　丁布夫 黃震遐著　八 四角

航空圈內　陶雄著　三角五分

銀空三騎士　襲雄著　即出

空軍文學譯叢

血門　杜秉正譯　三角

飛麗的毀滅　杜秉正譯　三角五分

空戰座談會

第一集　丁布夫編　即出

空軍戲劇叢書

闊海文　劉益之著　三角五分

保衛領空　董每戡著　四角

空軍魂　孫怒潮著　四角

被擊落的武士道　鮑希文等著　四角